好诗天然万古新

沈仁康 著

南方日报出版社
NANFANG DAILY PRESS
中国·广州

图书在版编目（CIP）数据

好诗天然万古新 / 沈仁康著. -- 广州 : 南方日报出版社, 2022.5

ISBN 978-7-5491-2522-7

Ⅰ. ①好… Ⅱ. ①沈… Ⅲ. ①随笔－作品集－中国－当代 Ⅳ. ①I267.1

中国版本图书馆 CIP 数据核字(2022)第 043696 号

HAOSHI TIANRAN WANGU XIN

好诗天然万古新

著　　者：沈仁康
出版发行：南方日报出版社
地　　址：广州市广州大道中 289 号
出 版 人：周山丹
责任编辑：阮清钰　严文玮
装帧设计：肖晓文
责任技编：王　兰
责任校对：裴晓倩
经　　销：全国新华书店
印　　刷：广州市岭美文化科技有限公司
开　　本：889mm×1194mm　1/32
印　　张：7.875　彩插 0.5
字　　数：147 千字
版　　次：2022 年 5 月第 1 版
印　　次：2022 年 5 月第 1 次印刷
定　　价：45.00 元

投稿热线：（020）87360640　　读者热线：（020）87363865

好诗天然万古新，

古诗今读见真淳。

世间多少经纶手，

未信吾庐别有春。

木兰诗（节选）

北朝民歌

雄兔脚扑朔，雌兔眼迷离。

双兔傍地走，安能辨我是雄雌？

>>第008页《牡丹一样的花木兰》

清·冷牧《梧桐双兔图》

清·石涛《陶渊明诗意图》

饮酒·其五

东晋·陶渊明

结庐在人境，而无车马喧。

问君何能尔？心远地自偏。

采菊东篱下，悠然见南山。

山气日夕佳，飞鸟相与还。

此中有真意，欲辨已忘言。

>> 第012页《陶渊明田园诗的纯真》

饮中八仙歌（节选）

唐·杜甫

李白一斗诗百篇，长安市上酒家眠。

天子呼来不上船，自称臣是酒中仙。

>>第039页《杜甫对李白的深情》

清·苏六朋《太白醉酒》

清·关槐《黄鹤楼图》

黄鹤楼

唐·崔颢

昔人已乘黄鹤去，此地空余黄鹤楼。
黄鹤一去不复返，白云千载空悠悠。
晴川历历汉阳树，芳草萋萋鹦鹉洲。
日暮乡关何处是？烟波江上使人愁。

>> 第032页《李白与孟浩然》

山行

唐·杜牧

远上寒山石径斜，白云生处有人家。

停车坐爱枫林晚，霜叶红于二月花。

>>第074页《白云“生处”还是白云“深处”？》

清·邹一桂《杜牧诗意图》

登高

唐·杜甫

风急天高猿啸哀，渚清沙白鸟飞回。
无边落木萧萧下，不尽长江滚滚来。
万里悲秋常作客，百年多病独登台。
艰难苦恨繁霜鬓，潦倒新停浊酒杯。

>>第083页《〈登高〉和〈钱塘湖春行〉》

清·王时敏《杜甫诗意册》

南宋·佚名《西湖春晓图》

钱塘湖春行

唐·白居易

孤山寺北贾亭西，水面初平云脚低。
几处早莺争暖树，谁家新燕啄春泥。
乱花渐欲迷人眼，浅草才能没马蹄。
最爱湖东行不足，绿杨阴里白沙堤。

>> 第083页《〈登高〉和〈钱塘湖春行〉》

逢雪宿芙蓉山主人

唐·刘长卿

日暮苍山远，天寒白屋贫。

柴门闻犬吠，风雪夜归人。

>>第090页《刘长卿的“风雪夜归人”》

清·张宗苍《雪景轴》

明·朱之蕃《临苏轼像轴》

六月二十日夜渡海

宋·苏轼

参横斗转欲三更，苦雨终风也解晴。

云散月明谁点缀？天容海色本澄清。

空余鲁叟乘桴意，粗识轩辕奏乐声。

九死南荒吾不恨，兹游奇绝冠平生。

>> 第125页《苏轼在海南》

宋·陆游书法《钗头凤》

钗头凤·红酥手

南宋·陆游

红酥手，黄縢酒，满城春色宫墙柳。
东风恶，欢情薄。一怀愁绪，几年离索。
错、错、错！

春如旧，人空瘦，泪痕红浥鲛绡透。
桃花落，闲池阁。山盟虽在，锦书难托。
莫、莫、莫！

>> 第130页《再读〈钗头凤〉》

摸鱼儿·雁丘词

金·元好问

问世间，情是何物，
直教生死相许？
天南地北双飞客，
老翅几回寒暑。
欢乐趣，离别苦，
就中更有痴儿女。
君应有语：渺万里层云，
千山暮雪，只影向谁去？

横汾路，寂寞当年箫鼓，
荒烟依旧平楚。
招魂楚些何嗟及，
山鬼暗啼风雨。
天也妒，未信与，
莺儿燕子俱黄土。
千秋万古，为留待骚人，
狂歌痛饮，来访雁丘处。

>> 第160页《问世间，情是何物》

明·林良《芦雁图》

清·胡桂《春台积翠册·梅岭曳杖》

赠范晔

三国·陆凯

折梅逢驿使，寄与陇头人。

江南无所有，聊赠一枝春。

>>第207页《千载梅岭诗韵长》

好诗天然万古新

——为沈仁康先生同名文集序

谢　冕

沈仁康先生是我的大师兄，我们先后就学于北京大学中文系。不过，闻道有先后，他的学识和积蕴都比我深厚，成就比我高。我不记得我们是否在燕园见过面了，我只记得我1955年考入北大时，他已毕业。不过，无论是否见过面，这都不重要，重要的是，我作为新生，已经被他的盛名震得不行了！也就是说，当我还是一名大一学生时，他已经发表了很多文章，让我只能仰望!

仁康兄毕业后去了广东，在那里写作、编辑、研究、出书，而且是那边的文学组织的领导者，成为文坛巨擘!

离校久了，一晃就是几十年。我们各自忙各自的事，也少有音问，但我总是惦记并羡慕着这位学长。

去年某日，我忽接仁康兄电话，说有一本文集要出版，而且指名要我作序。我很感动，当时就答应了。

仁康兄的学术成就，特点就是全面发展。北大中文系的学生，一般说来文学史知识丰富，理论修养比较强，但文学创作方面往往是弱项。这与当年系主任杨晦先生“不培养作家”的观点和北大中文系的传统有关。而仁康兄不同，他不仅学业精进，文史积累丰富，而且还是一位擅长诸种文体（小说、散文、诗歌、新闻、报告文学）的全面发展的作家。不仅如此，他还有令人羡慕的组织才能——成为有见识、有涵养的文艺工作领导者。这在北大中文系历史上是少有的，也是非常特殊的。

电话应允之后，我就与出版社的阮清钰副总编取得了联系。我开始做序文写作的准备了。阮总和仁康兄为我提供了一些素材，我自己也进行了一些资料整理的工作。我在电脑上为此立了“专项”：“沈仁康文集序言”。我自觉我的工作是值得珍惜的，而且是十分有尊严的。一晃就是一年多的时间，疫情干扰着我们的日常生活和工作，我的“序言”也告“暂停”。

《好诗天然万古新》是一本阐释中国诗歌真谛的精心之作，里面都是篇幅不长的短文，每篇读一首诗，或谈一个诗歌问题，是面向诗歌爱好者的赏析性的文字汇编。《李后主的词》《陶渊明田园诗的纯真》《王昌龄的边塞诗》《岑参的边塞诗》《杜甫对李白的深情》《李白与孟浩然》……这是关于诗人的总体评析。也有关于单篇诗的评析，以及看似考证的短文，如《汪伦不是农民》等等。这些文字，读来趣味盎然，而且鞭辟入里，由浅及深，对读者有很大的启发。

沈仁康在普及和深化中国传统诗学方面的工作值得我们敬佩。他无疑有非常丰富的积累，而且有非常深厚的见解，他有大学问，但却把大学问做得十分的平易近人，使中国深沉的诗学，走向普通的千家万户，这是多么难能可贵的学者的品格！

北大无疑是学界公认的神圣殿堂，说北大“高大上”也并非溢美之词。但北大有沈仁康，他把大学问做到了普通的诗歌爱好者都能心领神会的境界！

沈仁康的工作让我感到由衷的敬佩和感动。中国诗歌有数千年的传统，中国诗学博大精深。把中国诗学传统推向千千万万的读者，使这些“深刻”能够为更多普通的读者所掌握和理解，这些工作古今都有人在做，但像仁康兄这样，坚持多年，终于集腋成裘、聚沙成塔的学者，则是十分难得的。我诚挚地为仁康兄贺！

2022年3月10日于北京某医院某病室

（作者系著名文艺评论家、诗人、作家，北京大学中文系教授）

目录

辑一

辑 二

辑 三

辑 四

辑 五

辑 六

辑 七

辑一

古诗里的爱情

爱情是艺术作品的永恒主题。有无限的爱慕、刻骨的思念，有对爱情叛变的谴责，有对爱情坚贞的表述，等等。从中国第一部诗歌集《诗经》直到当下的诸多作品，莫不如此。

彼采葛兮，一日不见，如三月兮！
彼采萧兮，一日不见，如三秋兮！
彼采艾兮，一日不见，如三岁兮！

——《诗经·王风·采葛》

小伙子喜欢上了常常出来采葛、萧、艾等植物的姑娘，真情如炽，怀上了刻骨的相思，只要一日不见，就如隔“三月”“三秋”“三岁”那么久长，饱受相思之苦。后来的“一日不见，如隔三秋”，也来源于此，道出了爱慕之情的真挚。

蒹葭苍苍，白露为霜。
所谓伊人，在水一方。

溯洄从之，道阻且长。

溯游从之，宛在水中央。

——《诗经·秦风·蒹葭》

诗分三段，这里录了第一段。意思是：芦苇很茂盛，秋天白露成霜。让我日夜思念魂不守舍的那位姑娘，就在水的那一方。我本想逆流而上去追寻，但水道阻隔怕追不上；我本想顺流过去寻她，她好像就站在水的中央。

第二、三段分别叙写姑娘“在水之湄（水和草交接的地方）”“在水之涘（水边）”，小伙子想溯流而上靠近她，都因道路险阻力不从心。他幻想姑娘就站水的中央与他心意相通。他进入痴迷的爱恋之中了。这种朴素的感情是感人的。

对爱的叛变的谴责，也古已有之。司马相如在贫困时，到临邛富豪卓王孙家做客，见到新寡的卓文君非常美丽，他动了情，用弹琴表达自己的爱意。卓文君居然为他感动了。后来两人双双私奔到成都。然而司马相如贫士一个，生活无着，于是两人开了一家小酒店为生，卓文君当垆卖酒。卓王孙感觉羞了面子，只好给了他们一部分财产。司马相如写了得到汉武帝赏识的《子虚赋》《上林赋》，在京城当了大官。他理应珍视与卓文君的感情，但这个花心男人居然看上了一个茂陵女子，想娶其为妾。卓文君得知后写道：

凄凄复凄凄，嫁娶不须啼。

愿得一心人，白头不相离。

竹竿何袅袅，鱼尾何簁簁[①]！

男儿重意气，何用钱刀[②]为！

——卓文君《白头吟》

卓文君斥责负心的丈夫，心思不要像竹子那样摇摆不定，不要像鱼尾那样多叉。男儿要重情义，要为爱情不要为“钱刀”，得到一心上人，就要白头不相离。她表示要决裂！

与负心相反的是磐石一样的坚贞。请看：

上邪！

我欲与君相知，长命无绝衰。

山无陵，江水为竭，

冬雷震震，夏雨雪，

天地合，乃敢与君绝！

——无名氏《上邪》

这位女子用火热的口吻、抓石留痕的勇力，喊出了自己的情爱观：上天！我与你相知相爱后，百年到头爱情不变，坚定之志不绝衰。除非山没有高峰、江水断了流、冬天打雷、夏天下雪，除非天地合到了一起，否则我的感情是不会变的。

2019年3月26日

① 簁，音 shāi，鱼甩尾声。

② 汉代用刀形铜币。

诗史上最长的叙事诗

诗史上最长的叙事诗是哪一篇？是《孔雀东南飞》（原题为《古诗为焦仲卿妻作》）。通篇一千八百余字，五言韵文，文字生动自然，叙事流利顺畅，情节细腻感人。这样重要的作品作者是何人，已经无从查考，只署了“无名氏”。汉代的许多优秀作品，如《古诗十九首》等，也都署的“无名氏”。时代太久远了，无从查考。

这个故事叙述了焦仲卿与刘兰芝凄惨的爱情悲剧。焦仲卿在官府做府吏，刘兰芝在家劳作。府吏不常回家，兰芝在家“鸡鸣入机织，夜夜不得息”，三日织五匹，婆婆还嫌她慢。兰芝感到“君家妇难为”，“妾不堪驱使”，婆婆便要焦仲卿“休”了她。焦仲卿回家跪求母亲说：“今若遣此妇，终老不复取。”没想到“阿母得闻之，槌床便大怒”。在母亲威逼下，焦仲卿只得劝兰芝暂回娘家，到时候再迎她回来，说“且暂还家去”，“誓天不相负”。兰芝“出门登车去，涕落百余行”，临别前殷殷寄语：“不久望君来。君当作磐石，妾当作蒲苇。蒲苇纫如丝，磐石无转移。”

谁知兰芝回娘家十余日后，接二连三地有媒人上门，母兄也多方劝导，说对方家庭如何如何好，定下了婚期，并许诺迎娶时“金车玉作轮。踯躅青骢马，流苏金镂鞍。赍钱三百万，皆用青丝穿。杂彩三百匹，交广市鲑珍”。兰芝默无声，“手巾掩口啼，泪落便如泻”。焦仲卿闻听，请了假往回赶，在路上碰上了刘兰芝。二人重申了对彼此的感情和心意。焦仲卿匆匆回家后，即“上堂拜阿母”，说：“今日大风寒，寒风摧树木，严霜结庭兰。”阿母劝慰他不必伤心：“东家有贤女，窈窕艳城郭，阿母为汝求，便复在旦夕。”坚贞的刘兰芝在婚车路过一处水流时，“揽裙脱丝履，举身赴清池”，为爱殉情了。焦仲卿听闻兰芝自沉后，也“徘徊庭树下，自挂东南枝”，追随兰芝去了。

长诗的最后写道：

两家求合葬，合葬华山傍。
东南植松柏，左右种梧桐。
枝枝相覆盖，叶叶相交通。
中有双飞鸟，自名为鸳鸯。
仰头相向鸣，夜夜达五更。
行人驻足听，寡妇起彷徨。
多谢后世人，戒之慎勿忘。

这是一个早于梁山伯与祝英台百年的凄婉故事。长诗有板有眼、步步推进，把故事讲得很有条理，中间抒情的部分也极有文采和想象力。

《孔雀东南飞》不仅是中国诗史上最长的叙事诗，也是第一首叙事诗。叙事诗在中国诗史上是很寂寞的，除了《孔雀东南飞》，还有南北朝时的《木兰辞》，还有唐代的《长恨歌》《琵琶行》，数量很少。这令我们思考：中国叙事诗为什么少？一是因为中国诗词格式太过严格，抒情可以，叙事十分不容易。叙事需要更宽松的格式。不少少数民族都有自己的长篇史诗，如《格萨尔王传》，可供说书人连续歌唱几个月之久，中间有对白，有咏叹，有故事细节，有细描，这都需要格式、语言上的自由度。二是中国带故事、人物的作品出现于元代。元代是由独尊诗歌向戏剧、话本兴起转变的转折点。自此之后，不只戏剧，说书人的话本、长短篇幅的小说也兴盛、发扬光大起来。陆游诗云："斜阳古柳赵家庄，负鼓盲翁正作场。死后是非谁管得？满村听说蔡中郎。"宋代还在盛行说唱艺人走村串巷演出历史故事，但到了元代，以关汉卿、白朴、马致远、王实甫"元曲四大家"为首的一群戏剧家诞生了，创作出了上百种在舞台上演出的本子。这也是文艺发展的规律，由韵文走向散文、戏剧，其根本原因是人们的需求，是社会生活的要求。

2019年3月22日

牡丹一样的花木兰

花木兰替父从军、女扮男装的英雄故事和精神，家喻户晓，从公元4世纪初以来一直感动着中华儿女。如今，花木兰也走出了国门，走上了世界舞台，成为具有巨大魅力的艺术形象。

花木兰何许人也?

据考证，花木兰确有其人。她的家乡在延安之南的万花山乡的花园头村。那里有她走马练武的遗址、她的墓（旧称花家陵）。

原来的墓在几十年前已被毁平，如今的墓是重修的。与陵墓隔河相望的一座不高的黄土山上，野牡丹达几万株之多，开花季节，一山灿然，满目芳菲。牡丹在陕北许多地方茂盛地野生着。欧阳修在《洛阳牡丹记》一文中说："牡丹出丹州、延州。"丹州就是现在的宜川县，延州就是今天的延安，那里的人过去视牡丹为荆棘，"土人皆取以为薪"。洛阳牡丹的原产地，就在黄土高原上，不过黄土高原的人们不以它为珍奇而已。可是，对花木兰这朵牡丹，黄土高原是引以为傲的。

花木兰故事的流传，是靠了北朝民歌《木兰诗》：“唧唧复唧唧，木兰当户织……”陕北的人民自古以来善于歌咏、说唱。“信天游”不知唱了多少年，近代的《兰花花》《三十里铺》《走西口》等等，以及韩起祥的三弦说书，都证明在古代产生《木兰诗》这样的民歌是绝对可能的。

从东晋灭亡到隋朝统一的160多年间，中国历史上出现了一个南北朝时期。北方在这个时期里，长期兵荒马乱、相互攻战，因此民歌里也较多地反映战争和与战争有关的内容。《木兰诗》就是如此。对于《木兰诗》产生的年代，曾经争论诸多，大多数专家认为它产生于南北朝的北魏时期。

北魏建于公元4世纪末，由鲜卑族拓跋氏建立，建都于平城（今大同），先后吞并了后燕、夏、北燕、北凉等国，于公元439年统一了北方。疆域北至蒙古高原，西至新疆东部，南至秦岭、淮河，东北至辽宁西部。《木兰诗》就在北魏推翻同由鲜卑族建立的后燕这一时期产生。后燕据河北、山东、山西等地，于公元407年灭亡，仅存在20多年。

《木兰诗》提到木兰应可汗（只有北方少数民族的国君才叫可汗）点兵，随军渡过黄河东去，“暮至黑山头”。“黑山头”即今日北京昌平的天寿山，属燕山山脉。燕山横亘在河北北部，当时正是后燕的领土。

花木兰之所以能女扮男装替父从军，也是北方游牧民族彪悍的、尚武的社会风气使然。她如果没有马上的骑射功夫，也不可能“旦辞爷娘去，暮宿黄河边”，“旦辞黄河去，暮至黑山头”。只在闺房里待着的姑娘恐怕马背都上不去；只会“当户织”的女儿也经不住“万里赴戎机，关山度若飞”。她必须和马上功夫了得的男人一样，才能坚持得下来。我不禁想到，樊梨花是青海湟源人，穆桂英是山西北部人，古代能骑能射能战的女子都是具有尚武精神的游牧民族或半农半牧地区的巾帼。

《木兰诗》虽然不长，却反映出那时社会的一个侧面。像花家，只有二女和小弟（年龄尚小），“阿爷”起码有40岁了，而且是全家的主要劳动力，即便如此，也要抽去从军。可见当时连年征战导致招兵困难，花家的“阿爷”也不能免征，逼着花木兰替父从军。当时的从军，还要自备鞍马，诗中说“东市买骏马，西市买鞍鞯，南市买辔头，北市买长鞭”，可见当时延安的城市建设很有规模了，已有了东南西北市，军需品也相当齐全。从军者自掏腰包，也反映了当时老百姓负担的沉重。相对于其他朝代“养兵千日，用在一朝”的政府养兵，北魏政权是罔顾百姓死活的。从军尚如此，征粮等恐怕更加残暴。《木兰诗》从正面烘托花木兰的英雄形象，不写其他；但我们可以从侧面看到许多社会问题。统治者好大喜功，连年征战，把人们置于水深火热的战乱、屠杀之中。所以，十年后归来，花木兰只想“脱我战时袍，著我旧时裳”；不要封赏，只要宁静的女儿生活。这些都是从故事叙述中折射出来的内涵。

《木兰诗》的写作手法是民间的叙事格调，它连续运用重叠和排比。重叠句式如“东市买骏马，西市买鞍鞯，南方买辔头，北市买长鞭”连续用了四个“市”，文人创作很少这种罗列。排比如“旦辞爷娘去”“旦辞黄河去”，连续用相同的句式。又如“爷娘闻女来”“阿姊闻妹来”“小弟闻姊来”一连串的重复。这些重叠和排比的运用，不使人感到呆板，而使气氛加重、情绪升温、组合和谐，更增添诗句的活跃与跳动。这正是群众语言的魅力。“万里赴戎机，关山度若飞”之类，很可能是后代文人加工的。

《木兰诗》为我们讲述了一个千古新鲜的故事，塑造了一个千古英伟的艺术形象。

花木兰正如万花山上怒放的几万株牡丹，留艳人间。

2005年8月2日

陶渊明田园诗的纯真

辛弃疾称赞陶渊明的诗："千载后，百篇存，更无一字不清真。"金代诗人元好问也说陶渊明的诗"一语天然万古新，豪华落尽见真淳"。历来读陶诗、赞陶诗者都认可他的诗"天然""真淳"。古人的许多诗，如呈献大官用以推荐自己的、相互助唱和赠别的、怀念悼亡的，都说不上"无一字不清真"。陶渊明的诗是他的人格、气节的复制，有着无杂质的"真"，他是用生命写诗的。

古代诗人中多有因为屡试不中而怆然归田的、因为官场险恶而愤然归田的，读书人都想"出仕"，"归隐"是迫不得已的。他们"归隐"农村后大都能够自在生活。陶渊明是官宦之后，也做过几年芝麻绿豆官，他"不为五斗米折腰"，拂袖急流勇退，但回到农村，因为家底太薄，等着他的只是清贫。他像下放农村锻炼的干部，"晨兴理荒秽，带月荷锄归"。结果呢，仍是"夏日长抱饥，寒夜无被眠"。他一家希望天快点黑，上床睡后就不感到饥饿了；希望早晨早点天亮，天亮以后就不再那么寒冷了。这种苦楚，只有身在其中才能体会得到。"竟抱固穷节，饥寒饱所更[1]。敝庐交悲风，荒草没前庭。披褐守长夜，晨鸡不肯鸣[2]。”

陶渊明在中国诗史上是田园诗的开创者。他的一些诗如世代传诵的：

结庐在人境，而无车马喧。
问君何能尔？心远地自偏。
采菊东篱下，悠然见南山。
山气日夕佳，飞鸟相与还。
此中有真意，欲辨已忘言。

——《饮酒·其五》

这是一个老农在沉重的劳动之后，心头毫无牵挂的、真诚的自得其乐，这是一种摆脱了世俗牵绊的、没有索求的心安理得。陶渊明显露的是自然纯真的本性。

陶渊明的田园诗与王维的田园诗有很大不同，一个是身在其中的、有热度的，一个是客观的、冷描的。王维的画中有诗、诗中有画，他的辋川山居诗达到很高的境界：

① 固守着自己的节气，经历着饥寒的苦痛。
② 夜里因寒冷拥被而坐，但是晨鸡为什么不快点叫呢！

飒飒秋雨中，浅浅石溜泻。
跳波自相溅，白鹭惊复下。

——《栾家濑》

倚杖柴门外，临风听暮蝉。
渡头余落日，墟里上孤烟。

——《辋川闲居赠裴秀才迪》

空山新雨后，天气晚来秋。
明月松间照，清泉石上流。

——《山居秋暝》

万壑树参天，千山响杜鹃。
山中一夜雨，树杪百重泉。

——《送梓州李使君》

他用真正的禅门出世眼光、平静心境，给我们描绘一幅幅巧妙的绝美画面。他的笔墨触及极细微的地方，可是这些诗是没有多少感情热度的。

2019年1月22日

陶渊明的《责子》诗

中国的酿酒历史很久远了，一说由夏代大禹时开始的，至今4000多年，一说从周代杜康开始的，至今3000多年。酿酒已是中国最古老的文化现象之一。

酒固然是一种美味，但从酒诞生之后，历代荒淫无度的君主便与它结下了不解之缘，文人学士嗜酒也成为普遍现象。比较突出的有魏晋时的文人学士，看不惯世风日下，便借醉酒逃避现实，纵酒谈玄，不问世事。嵇康、阮籍为了躲开司马氏政权的纠缠，可以长醉几个月。酒精麻痹了他们的神经，损害了他们身体和智力。到了唐代，杜甫写过《饮中八仙歌》，最大的“酒仙”是李白，其次有贺知章、张旭、宰相李适之等人。这时文人学士的放纵豪饮，却是情绪高度释放的真性情的表露。比如李白：“李白一斗诗百篇，长安市上酒家眠。天子呼来不上船，自称臣是酒中仙。”诗与酒，从古而来结了盟，到李白手中已经无法分开了。要写诗就要喝酒，而且是喝得越多，喝醉眠倒，越是精品出笼之时。千百年来，都是这么一个思维定式。

其实，酒精不但危害了诗人的健康，还殃及他们的后代，酒精使他们的后代变得愚钝。这倒是从不为诗人本人以及千百年来的人们所重视的。

我读陶渊明的《责子》诗，不禁悲从中来，实际上陶渊明是在叙说自己为嗜酒付出的代价。

陶渊明在中国文学史上是一位光芒四射的人物。他的田园诗开创了后世诗歌的一个广阔层面，一个内容丰富的领域。他的散文《桃花源记》《归去来兮辞》等至今还活跃在我们的教科书里。他的祖上很煊赫，曾祖父陶侃（小学教科书里就有陶侃搬砖的故事）做过荆州、江州的刺史，祖父、父亲也都做过太守一类的官。陶渊明“少而穷苦”，家道中落。不过他29岁就开始做江州（今九江）的祭酒（掌管教化的官），之后又做过地方军阀的幕僚。他看不惯政治腐败、官场险恶，不久就回归田园。到41岁时他又做了彭泽县令，做了80多天，又不为五斗米折腰而挂冠归田而去，在农村耕了23年田而去世。他写“采菊东篱下，悠然见南山”，逍遥得很，潇洒得很，但实际上生活过得很竭蹶。44岁那年，家中失火，房子烧了。之后水灾、旱灾、虫灾轮流光顾，生活十分艰难。他写道：“风雨纵横至，收敛不盈廛[1]。夏日长抱饥，寒夜无被眠。造夕思鸡鸣，及晨愿乌迁[2]。”贫病交加，田园也并没有那么多的诗情画意。

---

① 廛，音 chán，小房间。

② 寒冷时希望早点天亮，饥饿时希望早点天黑。

他祖上显赫，他也希望出仕实现理想，归田是不得已的，他仍希望自己的子孙能够出人头地，能够光宗耀祖。按理，他这样智力超群的人物，儿子们也应该聪明睿智。但是，他的几个儿子都不成才，这使他十分难过，所以写下了《责子》诗。许许多多嗜酒长醉的名人，因为没有资料，我们不清楚他们的后代如何。唯陶渊明有诗为证，我们知道他真的是后继无人。

诗曰：

虽有五男儿，总不好纸笔。
阿舒已二八[①]，懒惰故无匹[②]。
阿宣行志学[③]，而不爱文术。
雍端[④]年十三，不识六与七。
通[⑤]子垂九龄，但觅梨与栗。
天运苟如此，且进杯中物。

五个儿子没有一个能成才。13岁的双胞胎竟不识数。他以为是“天运”，实在是他嗜酒过度，影响了后代的智力。他不懂，还加倍地“且进杯中物”。儿子的愚钝本非儿子们的过错，但他悲伤地“责子”不上进。悲哉!

① 二八：16 岁。
② 无匹：没有人比得上。
③ 行志学：接近 15 岁。
④ 老三雍和老四端是双胞胎。
⑤ 老五名通。

另一个——李白，更是酒中狂徒。“系马垂杨下，衔杯大道间”“涤荡千古愁，留连百壶饮”“人分千里外，兴在一杯中”“抽刀断水水更流，举杯消愁愁更愁”……几十年一身酒气。真是“青莲居士谪仙人，酒肆藏名三十春”。传说他在当涂酒醉后，投身长江捉月溺水而亡，这未必是事实，但酒精中毒，损害了他的健康是真。他死于当涂，终年62岁。

李白的后人也很萧条。据范传正《唐左拾遗翰林学士李公新墓碑并序》记述，李白的儿子叫伯禽，于唐德宗贞元八年（792年）“不禄而卒”。伯禽从来没有拿过俸禄，也就是从来没有做过官，看来智力不高，甚至低下。李白的孙子出游在外，下落不明，也就是四处流浪，无所事事，没有混出个名堂来。两个孙女分别嫁给了当涂农民陈云、刘劝。李白这么个大诗人，誉满寰中，后人敬慕其伟岸，一般来说也会助其孙女嫁给士人的，但她们却嫁给了农民，而且去世很早。从侧面证明，两个孙女自身条件不会太好，那两家农民的状况也不会很好。

从李白当初的轰轰烈烈，叱咤风云，诗豪干日月，酒气动乾坤，到身后的凄凉，形成强烈对照。酒，激励了李白的诗情；酒，也损害了他自身的健康和后代的前程。

2003年11月15日

陈子昂的《登幽州台歌》

陈子昂的《登幽州台歌》篇幅虽小，但也是响彻千年诗坛的作品：

前不见古人，
后不见来者。
念天地之悠悠，
独怆然而涕下！

陈子昂出生于四川射洪，他与许多读书人一样，想出仕，有政治抱负，24岁到了长安，做过武则天时代的右拾遗等官。十年之后，契丹人入侵，他又主动要求随军队出征。这也和唐初许多诗人一样，想到边塞立功。倒霉的是，他投到武则天本家侄子建安王武攸宜的手下。武攸宜是个酒囊饭袋，嫉贤妒能，为人歹毒冷酷，屡吃败仗。陈子昂谏言献策，武攸宜不但不采纳，反而将他由幕府参谋削职为军曹。幽州台[1]在今北京顺义境内，陈子昂登临之后写下这首千年不衰的名诗。古代诗人都喜欢上名楼高处，开怀赋诗直抒胸臆。陈子昂在武攸宜手下是无法待下去了，愤然回到故乡射洪。武攸宜仍不轻易放过他，指使射洪县令罗织陈子昂的罪名，投入监狱。陈子昂42岁时死于狱中。

《登幽州台歌》是一首悲愤齐天的诗。“前不见古人，后不见来者”，多么大的时间跨度；“念天地之悠悠”，从天到地，又是多么大的空间，却容纳不了他的悲愤，这悲愤又有多么的大！李白也有“人生在世不称意，明朝散发弄扁舟”的悲凉之词，但不及其苍凉辽阔。

就诗而论，它却不像杜甫“风急天高猿啸哀”那样充满文采，杜甫用七个字写了三种物件的三种形态，就把长江峡谷的秋天声色烘托得尽善尽美。《登幽州台歌》文字直白，没有描绘，而且前二句五字，后二句六字，也不合近体格律诗的格式。古诗讲究押韵，在今天读起来这首诗好像都没有押韵（其实“者”“下”二字古时都是“二十一马”韵部，仄声），但仍是朗朗上口的。这样一首诗为什么好呢？因为它有诗骨、有诗魄。诗歌如果没有文采是走不远的，但诗歌更要有深厚的内涵。唐初之前，齐梁文风艳靡、雕琢、形式主义，到了唐初正需要陈子昂这样的文风来匡正诗坛。所以，韩愈在《荐士诗》中说：

① 又名黄金台、燕台。燕昭王建，置千金于台上，招天下贤士。

“齐梁及陈隋，众作等蝉噪。搜春摘花卉，沿袭伤剽盗。国朝盛文章，子昂始高蹈。”元好问在《论诗绝句》中，对陈子昂的评价也很高，说他的诗风对于唐诗的作用，犹如范蠡帮助勾践灭了吴王夫差那样有功，应该也用黄金给他铸个雕像。

《登幽州台歌》这样的诗，有标杆作用。刘邦的《大风歌》：“大风起兮云飞扬，威加海内兮归故乡，安得猛士兮守四方！”也是这类风格的作品。曹操的“对酒当歌，人生几何？譬如朝露，去日苦多。慨当以慷，忧思难忘。何以解忧，唯有杜康！”“老骥伏枥，志在千里。烈士暮年，壮心不已。”也是这类慷慨激昂、气度非凡的诗。

2019年1月16日

王昌龄的边塞诗

边塞诗在唐诗里，是一个高峰，是一朵奇葩。唐朝前期，国力强盛，开疆拓土，战事不停。许多人都想从军以博取功名。“宁为百夫长，胜作一书生”（杨炯《从军行》），唐时边塞诗气魄宏大，基调乐观，情绪饱满，没有低沉之气。“一身转战三千里，一剑曾当百万师”（王维《老将行》）气吞山河；“莫愁前路无知己，天下谁人不识君”（高适《别董大》）自信之心跃然纸上；“醉卧沙场君莫笑，古来征战几人回”（王翰《凉州词》）、“欲将轻骑逐，大雪满弓刀”（卢纶《塞下曲》）充满豪放之气，血性刚毅。即使是闺中少妇，思念远行之人，虽然幽怨，但也充满天真：“打起黄莺儿，莫教枝上啼。啼时惊妾梦，不得到辽西。”（金昌绪《春怨》）那个时代的风气给了诗歌生命力、感染力。战事的离别、悲苦，没有给这些边塞诗留下无望、悲凉的格调。唐时的边塞诗充满了昂扬的特色和情致。

唐时边塞诗人很多，好诗也如雨后春笋，层出不穷，但是最有代表性的诗人要属王昌龄、高适、岑参，因为他们都在军队里真正生活过。

王昌龄生平资料匮乏，今人只知道他生活非常贫困，仕途不顺，所以想到军队里去改变命运。他长于写七绝，善抒情，他的《从军行》《出塞》都是深入西北边陲之后的作品。

秦时明月汉时关，万里长征人未还。
但使龙城飞将在，不教胡马度阴山。

——《出塞》

他把时间距离拉得很大，“秦时明月汉时关”，千年的历史都摆在眼前了。是的，边塞千年以来并不平静，除了和亲和议带来的短暂睦邻，几乎都在战争阴云笼罩之下。北部游牧民族一到秋收时节，就放马过来掠夺粮食。秦朝公子扶苏和大将蒙恬曾率30万秦卒屯守上郡（今绥德），汉武帝派卫青、霍去病扫荡匈奴，唐太宗在青海、新疆直到热海，设下过好几个都护府。王昌龄情景交融地抓住几个富有象征意义的形象，概括了千年以来的边塞争斗。“万里长征人未还”，战争是一种苦难，由此希望有个“飞将军”镇守，边塞永远安宁。

七绝篇幅小，要把大容量的内涵囊括进去，既不是浮泛虚词，又能情景融合，又能凝练深厚，又能动人以情，又能回味无穷，又能朗朗上口，又能流畅明丽，这是天才手笔，所以以前就有人称王昌龄为“七绝圣手”。

青海长云暗雪山，孤城遥望玉门关。

黄沙百战穿金甲，不破楼兰终不还。

——《从军行》

青海湖无边无际，连绵的雪山环绕湖边，湖水是蓝的，长云是灰的，雪山是白的，大自然用大手笔把三种鲜明的色彩组合在一起。这是空阔的天地。在蛮荒之地千万次战斗，身上的甲胄都磨穿了，即使士卒们忍受着远离家人之苦，艰难跋涉，甚至牺牲，但是仍有着克敌制胜的豪气。面对辽阔的关山，士卒们把个人的一切都放一边了，只为了胜利。其间，有多少情感的回旋、冲突、演绎！这也是诗人自身的情感起伏。这绝对不是简单的抒述。

所以说，王昌龄的边塞诗有着历史性的分量。

他的诗有着言虽尽而意无穷的绵延，千年后的我们仍能感受到它深厚的力量。

2019年2月26日

岑参的边塞诗

边塞诗可以说是唐诗中的特有品种，那么多诗人写出了那么多好诗，流传千古，熠熠放光。唐代开国之后，不断开疆拓土，边塞战事不断，胡笳羌笛此起彼伏了几十年。许多读书人失意于仕途，都想投笔从戎，以博取功名，但是真正在马嘶鼓喧的战场上摸爬滚打的还是极少数，许多人只是远距离体会、观察、推想。

唐代边塞诗人应推王昌龄、高适、岑参为胜。他们到过青海、新疆等地的战场，看到过军旗半卷出辕门，看到过“白刃血纷纷”，看到过戍卒“思归多苦颜”……他们之中，岑参远赴轮台、热海，时间很长，而且去了两次西北，实实在在体验过战场生活的方方面面。用现在的概念说，他深入了生活。

杜甫说岑参的诗：“岑参兄弟皆好奇。”这种追求不凡、追求奇特、追求新颖的风格也体现在岑参的边塞诗里。如果说王昌龄的边塞诗意境独特、含蓄深远、耐人回味，那岑参的边塞诗就场景热烈、形象罕见、感情充沛。他于天宝十三载（754年）在轮台幕府中写的《白雪歌送武判官归京》，八月飞雪“忽如一夜春风来，千树万树梨花开”，这是千古名句，想象非常奇特，由大雪纷纷联想到春满大地。边地的冷，给他一描写，历历在目，令读者感同身受：“将军角弓不得控，都护铁衣冷难着。”冷得拉不开弓了，冷得穿不上胄甲。“纷纷暮雪下辕门，风掣红旗冻不翻。”冷得风中旗帜都变僵了……他把边塞的冷写得具体而奇特。你在别的诗里见过如此景象没有？他专写别人写不出来的奇特处。正因为他深入到底层，才能有所见闻，由此升华联想。同一时间，他还写了《走马川行奉送封大夫出师西征》，也把边地的冬天写得无人能及，“一川碎石大如斗，随风满地石乱走”，“风头如刀面如割”，“马毛带雪汗气蒸”，“幕中草檄砚水凝”，写得艰苦卓绝，但也豪气长存。虽说他的诗不如王昌龄的诗那样令人回味无穷，但他以用笔的直入、形象的出奇，再现了边塞生活的苦寒血性。

写诗要不要“奇”？不但写诗，所有文艺作品都追求“奇”“新”“脱俗”，一般化都是为人避之不及的。唐人小说叫“传奇”；元代杂剧也追求不平常的故事，如六月飞雪窦娥冤；明清小说讲究惊奇，当然要出乎意料，入乎情理。苏东坡称赞柳宗元《渔翁》时说：“诗以奇趣为宗，反常合道为趣。熟味此诗有奇趣。”苏东坡强调写诗要“奇”要有“趣”。“奇趣”就是“反常”，即不“一般”、不“熟”、不“常见”者。但是这“反常”要合乎“道”，也不是胡编乱造。至于是否每首诗都要深刻含蓄呢？清代诗评家沈德潜评李白的《金陵酒肆留别》时说：“语不必深，写情已足。”你能把感情抒发得很饱满，也不必追求所谓的“深”了。我们由此来评价岑参，也就可以得到一个完整的意见了。

2019年1月19日

“一江水”与“半江水”

《全唐诗》里收录了2000多位诗人5万多首诗，那是诗的时代。这些诗人中有一些不知生年卒年、故里何处、有过什么作为，也就是在古籍中没有多少介绍。任蕃就是其中一个，只知他生于唐朝末年，在浙江临海一带活动过。他登天台山时写了一首《宿巾子山禅寺》。“天下名山僧占多”，天台山是济公和尚的故乡，自古有“佛国仙山”之称，是佛教天台宗祖庭，也是韩国天台宗、日本天台宗祖庭。诗曰：

绝顶新秋生夜凉，鹤翻松露滴衣裳。
前峰月映一江水，僧在翠微开竹房。

这位仁兄把诗题写在寺墙上，然后走了，走了100多里，又匆匆赶回来，把第三句的“一江水”改为“半江水”。他觉得既有前峰掩映，“半江水”好过“一江水”。几年后，他又上过两次天台山，又写了一首《三游巾子山寺感述》：“清秋绝顶竹房开，松鹤何年去不回？

惟有前峰明月在，夜深犹过半江来。”看来他对第一首诗是很得意的。

无独有偶，高适也有此种经历。

高适是著名的边塞诗人，又是军事家，他做过剑南西川节度使这样的大官。清代褚人获在《坚瓠集》一书中写道，高适任两浙观察使时，游杭州清风岭，看到绝美风景，题诗一首曰：

绝岭秋风已自凉，鹤翻松露湿衣裳。

前村月落一江水，僧在翠微角竹房。

高适离开后，自己觉得“一江水”应改为“半江水”，因前村月落时江水也潮退了，只剩得半江水了。他到台州办完事后又转了回来，见墙上的诗已有人代改为“半江水”了。他大惊，忙问僧人：“何人所改？”僧人对曰：“前月，也是一位官人过此，索笔改了，那官人义乌骆宾王也。”（骆宾王是浙江义乌人）高适唏嘘不已。

高适的诗和任蕃的诗如一个模子里倒出来的：第一句都写秋凉；第二句只一字之差，一个是“湿衣裳”，一个是“滴衣裳”；第三句也基本相同，一个是“前村月落”一个是“前峰月映”；第四句一字不差，完全相同。改诗的故事也基本相似。谁抄谁的？高适与杜甫是同时代人，任蕃是唐朝末年人，高适要早生100多年。这样，各人自会判断了。

唐代爱用“半”字的诗人不少，如“锦城丝管日纷纷，半入江风半入云”（杜甫《赠花卿》）、“一道残阳铺水中，半江瑟瑟半江红”（白居易《暮江吟》）等等。

2016年7月1日

辑二

李白与孟浩然

杜甫对李白恭敬有余，李白对杜甫似乎并不十分敬重。杜甫的作风是稳健扎实，写诗也是“为人性僻耽佳句，语不惊人死不休”，讲究“文章千古事，得失寸心知”。李白调侃杜甫作诗：“借问别来太瘦生，总为从前作诗苦。”（《戏赠杜甫》）毕竟李杜是“醉眠秋共被，携手日同行”过来的，杜甫至死都记得这些，李白似乎忘性大一些。

李白敬佩的诗人，一个是崔颢，他登黄鹤楼就说：“眼前有景道不得，崔颢题诗在上头。”崔颢诗云：

昔人已乘黄鹤去，此地空余黄鹤楼。
黄鹤一去不复返，白云千载空悠悠。
晴川历历汉阳树，芳草萋萋鹦鹉洲。
日暮乡关何处是，烟波江上使人愁。

——《黄鹤楼》

此诗怀旧思乡，写景出彩，抒情动人，情景交融，向来被认为是唐诗中七律第一（另一说，认为杜甫《登高》是唐人七律第一）。再看李白的《登金陵凤凰台》：

凤凰台上凤凰游，凤去台空江自流。
吴宫花草埋幽径，晋代衣冠成古丘。
三山半落青天外，二水中分白鹭洲。
总为浮云能蔽日，长安不见使人愁。

这诗比起崔颢诗来似有逊色，前面四句似乎一般、空泛，没有多少新意。“三山半落青山外，二水中分白鹭洲”写景有特色，但比起崔颢的“晴川历历汉阳树，芳草萋萋鹦鹉洲”，似乎也弱了一点。李白性子高傲，但他又很真实，眼见比他高明的人他还是说真话的、钦佩的。

李白看重的另一位诗人是孟浩然。孟浩然年长李白12岁。

吾爱孟夫子，风流天下闻。
红颜弃轩冕①，白首卧松云。
醉月频中圣②，迷花不事君。
高山安可仰，徒此揖清芬。

——《赠孟浩然》

① 年轻时不爱官员的车乘和冕服。
② 典出《三国志·魏志》，意为醉酒。

意思是说：我喜爱的诗人孟夫子，风流潇洒天下闻名。年轻时不爱高官厚禄，年老了隐居深山松林。常常在醉乡自得其乐，爱花草不愿入仕。你像高山屹立不可仰视，只能在此致敬你的高洁。

好话说尽了，应当是出自肺腑的。

故人西辞黄鹤楼，烟花三月下扬州。
孤帆远影碧空尽，惟见长江天际流。

——《黄鹤楼送孟浩然之广陵》

这是一首非常有名的诗，借送孟浩然浓墨重彩地渲染了阳春时节，孤帆东去，从黄鹤楼到扬州的长江风采。写景和怀友，熔于一炉，意境高远阔大，幽深无穷。李白当然是因为敬重孟浩然才能一挥而就写出震烁千古的名篇，这也是对孟浩然的深情所致。

孟浩然（689—740），湖北襄阳人。早年隐居鹿门山，40岁时才游历长安，考试不第，但在京期间结识了王维、李白等人，世人将他与王维并称为“王孟”。据说王维邀他入内署，偶遇唐玄宗。唐玄宗这人有艺术细胞，懂舞懂音乐，对诗人也很关心，他曾把李白请入宫内，演绎过一场叫李白非常出彩的故事，李白也在沉香亭写出了“云想衣裳花想容”等三首诗赞杨贵妃的美丽。此回，唐玄宗见到孟浩然，问他有何新作，孟浩然诵读了自己的《岁暮归南山》，唐玄宗听到中间二句诗谓“不才明主弃，多病故人疏”时，不悦，说：“卿不求仕而朕未尝弃卿，何诬之甚也！”孟浩然此时40多岁，他那种酸酸的文人格调，唐玄宗也许并不喜欢。自此，孟浩然再无可能得到重用。后来孟浩然游历东南诸地，最后归隐鹿门山，与松云为伴。

李白与孟浩然情笃，这种满腔抱负得不到伸展的相似经历，使他们的心走得很近。孟浩然终身布衣。

孟浩然善写景写山水，而且清新、清净，为人称道。这种风格也有与李白相似的地方，二人相互吸引。

孟浩然最有名的诗当推《春晓》。他非常鲜明有力地表现了大自然的伟力，春天轰轰烈烈来了，又在风雨中走了，各人阅读后会有各人不同的体会。好诗是不会一览无余、一读即过的，它经得起反复吟诵，深入感受。《春晓》与李白的《静夜思》——“床前明月光，疑是地上霜。举头望明月，低头思故乡”——同属这类诗作，千百年来铮铮作响。单凭这一点，李白、孟浩然就应情深谊长了。

故人具鸡黍，邀我至田家。
绿树村边合，青山郭外斜。
开轩面场圃，把酒话桑麻。
待到重阳日，还来就菊花。

——《过故人庄》

这首诗也是孟浩然的代表作，诗中透出诗人与故人的情分以及他本人的愉悦心情，写得自然，生活味重，娓娓道来，读来比单纯写景的作品更有兴味。这类题材，后世苏东坡、陆游都写过。千年前的事，读着仍历历在目。

移舟泊烟渚，日暮客愁新。
野旷天低树，江清月近人。

——《宿建德江》

这也是孟浩然的代表作。“野旷天低树，江清月近人”，写得非常传神。在旅途中，愁绪丛生，但旷野给人心胸，明月给人亲近。好像是神来之笔，随手捡来一般，其实是许许多多诗人旅者都在终极寻找的感受。

李白写景往往大气磅礴，但他也善于描写此情此景。“山随平野尽，江入大荒流”（《渡荆门送别》）就写得景色苍茫，气势宏阔。

山暝听猿愁，沧江急夜流。
风鸣两岸叶，月照一孤舟。
建德非吾土，维扬①忆旧游。
还将两行泪，遥寄海西头②。

——《宿桐庐江寄广陵旧游》

---

① 维扬，扬州的别称。
② 海西头，指扬州。

孟浩然这首诗颇似出自李白之手，至少风格是一致的，难怪李白看重孟浩然。其中“风鸣两岸叶，月照一孤舟”是名句，显得诗人此时的心境是如何的寂寞，思念旧游之心是如何的真诚。“还将两行泪，遥寄海西头”是内心的剖示。孟浩然东南各地之游，开阔了他的视野。这或许也是受了李白漫游天下的影响。当时的诗人，抱负极大，实现的却极少，郁闷之中常常寄情山水。孟浩然终身布衣，失意落魄之后，仍回鹿门山过隐居生活。“岩扉松径长寂寥，惟有幽人自来去。”（《夜归鹿门歌》）岩石作门，小径铺满松荫，诗人（幽人）自由自在，但满腹理想也归于寂寞。孟浩然52岁死于背疽毒发。李白晚年不也是这样悲凉的吗？

孟浩然描写洞庭湖的《望洞庭湖赠张丞相[1]》，也是一首负有盛名的作品：

八月湖水平，涵虚混太清。
气蒸云梦泽，波撼岳阳城。
欲济无舟楫，端居耻圣明。
坐观垂钓者，徒有羡鱼情。

① 张丞相即张九龄。

“气蒸云梦泽，波撼岳阳城”与杜甫的“吴楚东南坼，乾坤日夜浮”，都是描写洞庭湖的名句，气象万千，壮美秀丽。

2019年4月23日

杜甫对李白的深情

“诗圣”杜甫在写诗上称得上“圣”，对待亲情、友情也称得上人间模范。在安史之乱中他对家庭的思念很感人；他对朋友的真情，尤其是对李白的挂牵，情真意切。他推崇、怀念李白，与李白情同手足。

昔年有狂客，号尔谪仙人。
笔落惊风雨，诗成泣鬼神。
声名从此大，汩没一朝伸。
文采承殊渥，流传必绝伦。

——《寄李十二白二十韵》

前四句是流传最广的描写李白的名句。“笔落惊风雨，诗成泣鬼神”是很夸张的说法，杜甫就用这种热情，盛赞李白。韩愈也曾说过“李（白）杜（甫）文章在，光焰万丈长”。在韩愈眼里，“诗仙”李白是才能齐天的。

李白一斗诗百篇，长安市上酒家眠。
天子呼来不上船，自称臣是酒中仙。

——《饮中八仙歌》

白也诗无敌，飘然思不群。
清新庾开府，俊逸鲍参军。
渭北春天树，江东日暮云。
何时一樽酒，重与细论文。

——《春日忆李白》

李白确实以自己的诗才征服了杜甫。李白不但有庾开府（庾信）诗的清新，也有鲍参军（鲍照）诗的俊逸。杜甫怀念渭北春天、江东日暮时的相处，他期盼再与李白细细论诗论文。“渭北春天树，江东日暮云”这两句非常有名，“江东渭北”此后成为思念远方亲友的代名词。

安史之乱中，唐玄宗逃亡四川，太子李亨即位于宁夏灵武，是为肃宗。时永王李璘据南方，不听调遣，图谋不轨，后兵败被杀。李白当时在庐山，进了永王幕府任职，并写了不少永王东巡之类的诗。永王既除，李白也成了附逆分子，这是一等的罪名。后被人奋力担保，才保住性命，被判流放夜郎（今贵州一带）。在这前后，杜甫极为关心李白的安危，写了好几首思念、担忧的诗。

不见李生久，佯狂真可哀。
世人皆欲杀，吾意独怜才。
敏捷诗千首，飘零酒一杯。
匡山读书处，头白好归来。

——《不见》

事发之后，李白可能装疯卖傻，并声明自己是被迫去永王幕府的，想由此躲避惩罚。但“世人皆欲杀”，为此杜甫万分焦虑，希望他能够重回他在庐山的读书处，归隐了吧！

凉风起天末，君子意如何？
鸿雁几时到？江湖秋水多。
文章憎命达，魑魅喜人过。
应共冤魂语，投诗赠汨罗。

——《天末怀李白》

此诗挂念流放中的李白。凉风起自天边，你的境况如何了呢？传信的鸿雁何时能到？江湖秋水上波起浪多。写文章的人从来命运不好，山精山怪喜欢人犯错。你与蒙冤的屈原同命运，承受着冤屈和不平。杜甫梦到李白时，泣不成声。

死别已吞声，生别常恻恻。
江南瘴疠地，逐客无消息。
故人入我梦，明我长相忆。
恐非平生魂，路远不可测。
魂来枫林青，魂返关塞黑。
君今在罗网，何以有羽翼。
落月满屋梁，犹疑照颜色。
水深波浪阔，无使蛟龙得。

——《梦李白·其一》

他想象李白在瘴气盛行之地，毫无消息，生死未卜，路远不可测：你的魂魄已不是原来的魂魄了，魂来魂返关山险恶。你如今在罗网之中，已没有了飞翔的能力。我醒来时，见月光满屋，仿佛看到了你一路上水深波阔，务必不要使蛟龙得逞。

浮云终日行，游子久不至。
三夜频梦君，情亲见君意。
告归常局促，苦道来不易。
江湖多风波，舟楫恐失坠。
出门搔白首，若负平生志。
冠盖满京华，斯人独憔悴。
孰云网恢恢，将老身反累。

千秋万岁名，寂寞身后事。

——《梦李白·其二》

“冠盖满京华”，京城达官贵人的冠盖车马满街，独独你那么憔悴。老子有“天网恢恢，疏而不失”的话，独独你59岁的老身了，反而要受永王谋反的诸多牵累。你的诗有千秋万岁之名，不过寂寞是身后之事了。杜甫充满了幽怨之情。

幸运的是，李白在流放途中遇到大赦，被放归。一路上李白又意气风发，愉快开朗了：“朝辞白帝彩云间，千里江陵一日还。两岸猿声啼不住，轻舟已过万重山。”一场重大的苦难终于过去。

杜甫存诗1440余首，与李白有关联的有20首，其中专门为李白写的有10首。由此可见他对李白情深意长。老杜确是个至诚之人。他在《秋兴八首·其三》中说：“同学少年多不贱”。他也会为“同学少年”（指同辈人）的发达而高兴。不独对李白，杜甫对许多人有善心，足见他的人品。

李白是性格放达、粗疏的人，他热情一来热得不得了，但不持久，他对亲情、友情均如此，是一种“今朝有酒今朝醉”的脾性。他有多少寄赠、怀念杜甫的诗呢？对其他诗人又如何呢？

2019年4月4日

汪伦不是农民

李白的一生，漫游过许多地方，皖南是他的主要游地之一，皖南的奇峰、秀木、碧水令他流连忘返。他41岁（天宝元年，公元742年）到皖南安家，直到61岁逝世于当涂县，埋骨长江边，这20年中，他前后五次到过皖南，累计时间在六年以上。他到过黄山、九华山、皖山、贵池秋浦、铜陵五松山、泾县、宣城、采石。他现存的1000首左右的诗中，可考证出来的，就有200余首写于皖南，占五分之一。

在李白这200首诗中，《赠汪伦》是为名篇，李白诗选中无不收录此诗：

李白乘舟将欲行，忽闻岸上踏歌声。
桃花潭水深千尺，不及汪伦送我情。

桃花潭，在唐时还是一个深不可测的深潭，因潭边盛开桃花，三月间红桃碧潭，相映成趣而得名。桃花潭在泾川上，泾川是青弋江上游的一段。桃花潭边有一个小镇，叫万村，是汪伦的家乡。

这首诗，过去一向以李白与村民交深而著称。因为这首诗，汪伦、桃花潭成了名人、名地。

但是，汪伦，究竟是什么人？请看各种唐诗的注释：

中国社会科学院文研所编的《唐诗选》，转引《李太白文集》杨齐贤注："白游泾县桃花潭，村人汪伦常酿美酒以待白，伦之裔孙至今宝其诗。"汪伦是"村人"，又像宣城酿"老春"的纪叟一样，"常酿美酒以待白"，也就是农民了，至少是劳动者。

武汉大学中文系古典文学教研室的《唐诗选注》这样说："汪伦，大概是唐代桃花潭的一个村民。""李白能这样看重一个村民的友谊，也多少反映了他对待人民的态度。"汪伦是村民，是劳动人民的代表。

舒芜的《李白诗选》说："李白游泾县桃花潭，附近村庄里有一个汪伦，常常酿了好酒来招待他。李白临走，汪伦来送。"内容基本同于杨齐贤注。

《祖国十二诗人》一书，范宁的《李白》一文中说："暮年的李白，似乎在于他自己所隶属的那个庸俗贵族的社会外，在劳动人民身上找到了他所要找寻的那个叫作皎洁纯朴的东西……尤其是当他游泾县桃花潭时，……他深深感觉到不同，真的不同……"汪伦，是劳动人民的代表人物了。

…………

总之，汪伦都被看成是村民、劳动者、农民。

这些注释，都是不确的。

桃花潭一带流传一个故事，这个故事清人袁枚在《随园诗话》中也有记载：李白去桃花潭是汪伦邀请的。汪伦写信给李白："先生好游乎？此地有十里桃花。先生好饮乎？此地有万家酒店。"当李白欣然而至泾县，汪伦解释："十里桃花是指十里外的桃花渡，万家酒店是指桃花潭西有个姓万人家开的酒店。"李白听罢，大笑不已。这段传说有一定道理。桃花潭至今有"踏歌古岸"，筑有"踏歌岸阁"（古色古香的楼阁），是当年送别李白的地方。汪伦所在村子叫万村，估计姓万的人不少。

李白到泾县后，汪伦对李白是很热情的。李白写过《过汪氏别业二首》：

游山谁可游？子明与浮丘。
叠岭碍河汉，连峰横斗牛。
汪生面北阜，池馆清且幽。
我来感意气，捶炰列珍羞。
扫石待归月，开池涨寒流。
酒酣益爽气，为乐不知秋。

畴昔未识君，知君好贤才。
随山起馆宇，凿石营池台。
星火五月中，景风从南来。
数枝石榴发，一丈荷花开。

恨不当此时，相过醉金罍。
我行值木落，月苦清猿哀。
永夜达五更，吴歈送琼杯。
酒酣欲起舞，四座歌相催。
日出远海明，轩车且徘徊。
更游龙潭去，枕石拂莓苔。

这两首诗，与《赠汪伦》同写于天宝十四载（755年）。诗中写到汪氏别墅的规模，“随山起馆宇，凿石营池台”，写到酒宴的盛况“捶炰列珍羞”，还有唱吴歌的歌女沽酒……从相邀到欢迎，均非普通村民办得到的。

很明显，汪伦不是农民，不是一般“村民”“劳动者”，而是退隐的官吏或者豪爽、喜欢交游的士绅。

过去因为汪伦身世不详，无法说得具体。

现在在《汪氏宗谱》上，查到一段汪伦的记载，对汪伦的身世、家庭就说得很清楚了：

“汪伦，又名凤林，仁素公之次子也。为唐时知名士，与李青莲、王辋川诸公相友善，数以诗文往来赠答。青莲居士，尤为莫逆交。开元天宝间，公为泾县令，青莲往候之，款洽不忍别。公解组后，居泾邑之桃花潭。生子文焕，传十余世，有迁常州、麻镇者。其兄凤思，曾为歙县令。”

汪伦邀李白去泾县时，他是泾县令，他的哥哥曾做过歙县令。一门两个县令，当然不是一般“村民”。汪伦去官乡居桃花潭，是李白离泾县以后的事。李白离泾县时，汪伦还送了名马、宫锦等礼物，很能说明他的家境。汪伦本人也长于诗文，不但与李白，还与王维等有交往。唐时以科举取士，汪伦当县令而能诗文，也不足为怪，可以证明他是经科举而当官的。

否定汪伦是“村民”“农民”之后，是否就否定了李白对桃花潭岸的人民有感情了？不！踏歌，是江南一种群众歌舞形式，一面手拉手，以脚步为拍子，一面唱歌。这种踏歌，绝非一两个人“踏”得起来的，当然包括众多的村民。李白诗赠汪伦一人，但也包含对桃花潭人民的感激的。桃花潭流传的一些李白的故事，就是桃花潭人民对大诗人李白千百年来的怀念。

李白在皖南也的确写过真正的劳动人民：

纪叟黄泉里，还应酿老春。
夜台无李白，沽酒与何人？

——《哭宣城善酿纪叟》

酿酒老人纪叟是个手工业劳动者，李白对他感情至深。

炉火照天地，红星乱紫烟。
赧郎明月夜，歌曲动寒川。

——《秋浦歌·其十四》

秋浦是唐代炼铜之地，还很少有人像李白这样，把矿工、炼铜工写得如此美哉壮哉，把工人写得如此美哉壮哉。“赧郎”就是真正的工人。

我宿五松下，寂寥无所欢。
田家秋作苦，邻女夜舂寒。
跪进雕胡饭，月光明素盘。
令人惭漂母，三谢不能餐。

——《宿五松山下荀媪家》

李白在诗中，对日夜辛勤操劳的田家深表同情，对荀媪的款待深深感激和惭愧，这是对劳动人民深挚的感情。

因此，《赠汪伦》不是赠给村民的，但也不妨碍说李白在皖南时，对劳动人民具有真正的深切感情。

1985年

李白的“得意”和“失意”

李白20多岁出川，告别家乡，“仗剑去国，辞亲远游”，60来岁在安徽当涂长江边上捉月落水而去世，这中间近40年的时间，几乎都在游荡中度过。每个人的人生都会起起伏伏、曲折多艰，李白的人生经历跌宕得似乎更剧烈，他是在“得意”与“失意”间度过一生的。他性格豁达粗放，喜怒形于色，不加掩饰，因此他的“得意”与“失意”落差极大。得意时会是一个极端，失意时会是另一个极端。他的诗人气质，他天马行空的想象力，使他把这些“得意”或“失意”的情绪表达得比谁都突出，也就造就了许多诗歌极品。

李白没有王维的命好，王维20多岁就考取了进士。李白心气很盛，自视甚高，他自比历史上的贤相能臣，他也上书呈文给当时的大人物，讲述自己天大的抱负，希望得到举荐和帮助。他的诗受到了赞誉，贺知章读了他的《蜀道难》，称他是“谪仙”。虽然他有了“诗仙”之名，但是他在政治上的治国之策、救世宏论，终也得不到响应。他在《上李邕》一诗中说：“世人见我恒殊调，闻余大言皆冷笑。”他的高谈阔论，时人认为是“殊调”，嗤之以鼻。41岁以前，他在政治上一直没有什么建树，一直是白丁。“大道如青天，我犹不得出。”“人生在世不称意，明朝散发弄扁舟。”而他在创作上成就是很大的，这一方面给他以极大的回报，使他又有“得意”的本钱。

君不见，黄河之水天上来，奔流到海不复回。
君不见，高堂明镜悲白发，朝如青丝暮成雪。
人生得意须尽欢，莫使金樽空对月。
天生我材必有用，千金散尽还复来。
烹羊宰牛且为乐，会须一饮三百杯。
岑夫子，丹丘生[①]，将进酒，杯莫停。
与君歌一曲，请君为我倾耳听。
钟鼓馔玉不足贵，但愿长醉不复醒。
古来圣贤皆寂寞，惟有饮者留其名。
陈王[②]昔时宴平乐[③]，斗酒十千恣欢谑。
主人何为言少钱，径须沽取对君酌。
五花马，千金裘，
呼儿将出换美酒，与尔同销万古愁。

——《将进酒》

① 李白友人岑勋、元丹丘。
② 指曹植。
③ 洛阳西门外，观名，娱乐场所。

这是李白最得意心态的表白，虽还有借酒浇愁的抑郁，但是这种飞扬精神，除了他真是没有人能写得出，是诗中极品。他也不以为他真的不行了，只不过是一时的沙滩困龙、浅池囚鱼。你听，“天生我才必有用，千金散尽还复来”，“人生得意须尽欢，莫使金樽空对月”。他似乎看到将来在向他招手。当然他仍有些心理阴影，要叫“酒”来壮胆。

游荡了近20年，他的第一次政治机遇来了——皇帝召见。这对他来说，是如何重要的大事啊！他等了20年了！杜甫说：“天子呼来不上船，自称臣是酒中仙。”（《饮中八仙歌》）这是醉话，是撑门面的话。其实李白心中煎熬了20年的愿望得以实现，他每一个细胞都在唱歌：“仰天大笑出门去，我辈岂是蓬蒿人。”（《南陵别儿童入京》）他从此可以告别蓬蒿世界了。他把家里养的鸡杀了，让孩子们吃得高兴，然后出门而去了。

皇帝调羹，贵妃磨墨，高力士帮他脱靴，这在历史上都是独一无二的盛事，他摊上了。“我本楚狂人”，这使他内心的得意暴涨，他真以为从此可以进入政坛大门了。但是，他只得一个“翰林”称号，他的那些救世救国的议论不合时宜，他连一天踏踏实实的工作都没有干过，哪儿来治国治邦的实际经验？加上他的过分倨傲，过分张扬，好景不长。不久，天宝三载（744年）他就“被谗”放归离都，从高端跌回到原处。这对他是极大的打击，失意和愤潸是自然的了。“停杯投箸不能食，拔剑四顾心茫然。”（《行路难·其一》）好在他还有一点心理防线，他还能以不在乎、借酒浇愁、虚无情绪来排遣。所以有“古来万事东流水”“安能摧眉折腰事权贵，使我不得开心颜”（《梦游天姥吟留诗》），“且乐生前一杯酒，何须身后千载名”（《行路难·其三》），“古来圣贤皆寂寞，惟有饮者留其名”（《将进酒》）等诗句。但是“失意”情绪和曾经的“得意”情绪一样暴涨，这也造成了另一篇诗中极品的产生。

弃我去者，昨日之日不可留；
乱我心者，今日之日多烦忧。
长风万里送秋雁，对此可以酣高楼。
蓬莱文章[①]建安骨[②]，中间小谢[③]又清发。
俱怀逸兴壮思飞，欲上青天揽明月。
抽刀断水水更流，举杯消愁愁更愁。
人生在世不称意，明朝散发弄扁舟。

——《宣州谢朓楼饯别校书叔云》

这首诗是极有名的，尽管长期悲愤满腔，苦闷难消，窘迫难改，但诗人仍以一种空前奔放豪迈之气写下了这首

① 借指叔云。
② 东汉末年，曹操父子及建安七子的诗文刚健清新。
③ 指谢朓。

诗。这也是别人无法完成的作品，在中国诗史上放出熠熠光彩。一个苦闷的灵魂在跃动，在挣扎，在搏斗。

时间又过去了十几二十年，李白得到第二次跨入政治门槛的机会。尽管不少人劝他三思后行，但他向往政治、梦想实现抱负的初心不改，毅然投入永王李璘的幕府之中。这时他已58岁了。

安史之乱使大唐帝国国破家碎，民众蒙难，土地荒芜。唐玄宗逃到四川，无力治国，儿子李亨在宁夏临武即位，即唐肃宗。肃宗令郭子仪等勇武克敌。恰好安史内部也分崩离析，这时正需要全国一心，共同前行。但是，唐玄宗的另一个儿子李璘，胸有二心，踞南方，图谋不轨，妄想夺位。但李璘部下将士都不愿国内一乱未平又将掀起另外一乱，纷纷离他而去，最终李璘兵败被杀。李白因积极参与，被定为附逆分子，这是第一等的大罪。这说明李白政治上是不成熟的、幼稚的、没有辨别力的，他还为永王李璘写过不少吹捧的诗。他不听劝阻，心智不成熟。他曾写信给早年过从甚密的高适求援，高适正好是平定永王叛乱的兵马头目，根本没有理会他。反而郭子仪愿以自己的军功为他折罪，才救了他一命。后李白被流放夜郎（今湘西贵州一带），中途遇赦，放归。途中他捡回了生活的信心，写下了“朝辞白帝彩云间，千里江陵一日还。两岸猿声啼不住，轻舟已过万重山”这样轻快、信心重燃的诗。但是，40年间，对他来说可谓非凡的两次政治经历，都以失败告终，到了暮年，他年纪大了，生命衰退了，进入了寂寞困苦的阶段。

他没有王维那样高官履历、家资丰厚的依托，他也没有高适那样从军之后一路高升的经历，他又没有陶渊明那种“种豆南山下”“带月荷锄归”的决心，他的暮年是困苦的。他一生没有正儿八经从事过一门行业，并未真正具有一定的社会经历；他没有一个可以完全依靠的达官贵戚；他没有一个稳定美满的家庭。最后他依靠他的族叔、安徽当涂县令李阳冰过日子。俱往矣，一代诗仙，后来在采石矶饮酒捉月落水而亡。也许是喝得醉醺醺的，看到江面上的明月，一时糊涂投水捉月而亡。明月毕竟是他一生中所写的许多诗篇中最重要的客观景物之一。

2019年4月10日

李白的“愁”

读李白的作品，“愁”是很突出的字眼。“愁”什么呢？屈原有“长太息以掩涕兮，哀民生之多艰”之痛，杜甫有“朱门酒肉臭，路有冻死骨”之叹，范仲淹有“先天下之忧而忧，后天下之乐而乐”的抱负。李白关心时事是比较少的，和他的艺术造诣比，政治建树是他的短板。他也有过远大的志向，甚至不大看得起尧舜和孔丘，但都是从书本得来的一些概念，这造成了他的狂妄自大，缺乏真才实学。他更多的是关心他个人，酒精使他几乎失去了正常的做人原则。

我们再细读他的《将进酒》：

君不见，黄河之水天上来，奔流到海不复回。
君不见，高堂明镜悲白发，朝如青丝暮成雪。
人生得意须尽欢，莫使金樽空对月。
天生我材必有用，千金散尽还复来。
烹羊宰牛且为乐，会须一饮三百杯。
岑夫子，丹丘生，将进酒，杯莫停。

与君歌一曲，请君为我倾耳听。
钟鼓馔玉不足贵，但愿长醉不复醒。
古来圣贤皆寂寞，惟有饮者留其名。
陈王昔时宴平乐，斗酒十千恣欢谑。
主人何为言少钱，径须沽取对君酌。
五花马，千金裘，
呼儿将出换美酒，与尔同销万古愁。

黄河东流、青丝变白，本是两件不相干的事，诗人用两个“君不见”将其串联成一体，使得“朝如青丝暮成雪”与“奔流到海不复回”成了相互印证的同样不可逆的事物了，更增加了人生哀叹的分量，与诗末“万古愁”连在一起了。

“愁”的内容是什么呢？

在另一首诗中他也写道：“弃我去者，昨日之日不可留；乱我心者，今日之日多烦忧。”“抽刀断水水更流，举杯消愁愁更愁。”这“愁”不是一时一事的，而是贯穿性的、长期的。

李白大约24岁时走出四川老家，61岁在安徽当涂去世，前后约40年的时间在外浪游漂泊，他自己说过“酒肆藏身三十年”，两次入仕（一次是进了皇宫，一次是进了永王李璘的幕府），又去了五年时间。实际上他一生真没有干过多少事情。他被唐玄宗叫进皇宫，得一个“翰林”的官，这可以说是他生命辉煌的顶点了。他的生活其实也可以以这次辉煌事件划分为两个时期。在此之前，他一直在浪游，依人生活，走了不少地方，也向一些显赫的官员上书或写诗介绍过自己，但始终也没有弄到一官半职，一直是“无业游民”。他羡慕过“功名富贵”“眠花醉柳”，但常常擦肩而过。这么长的时间，有十几年，他一直处于矛盾的情绪中：一是他自视很高，他相信“天生我材必有用”，他一直在用一种高傲的姿态追求这些；二是他总没有这种机会，他的自信的底线往往崩溃，使他愁绪满腹。杜甫有过“朝叩富儿门，暮随肥马尘”的经历，估计李白也尝过这种生活滋味。他是怎么生活过来的，怎么解决的经济问题，这就是“愁”。期望与现实形成巨大的矛盾，就要“举杯消愁愁更愁”了。

《将进酒》里写道“人生得意须尽欢”，在竭蹶中一旦遇到一点“得意”，也会“莫使金樽空对月”，无比兴奋的。他那时还是30多岁的年纪，还年轻，他对生活还充满了期待。“天生我材必有用”，怎么才能“千金散尽还复来”？唯有个人突如其来的大富大贵才行。因此有研究者说李白的正义感与当时社会如何如何矛盾，是夸大了。他是有着庸俗一面的。“烹羊宰牛且为乐，会须一饮三百杯”，一遇上机会就不肯撒手，表现了颓废倾向。

不过机会真的来了，天赐良机，皇帝果真召见了他。李白有他的长处，他善言，口若悬河，笔不停手，在皇帝面前当场就写就了一篇文章。唐玄宗说：“卿是布衣，名为朕知，非素蓄道义，何以及此！”赐了他一个“翰林”

当当，专为皇帝起草诏文。李白还是会拍马屁的，有一次，唐玄宗召诸学士宴于便殿，酒酣，问李白道：“我朝与天后（武则天）朝何如！”李白答：“天后朝政出多门，国由奸幸，任人之道，如小儿市瓜，不择香味，惟拣肥大者。我朝任人，如淘沙取金，剖石采玉，皆得其精粹。”玄宗答曰：“学士过有所饰。”（《天宝遗事》）事实证明，唐玄宗滥用奸相骄将，差一点把大唐给毁了。这不是马屁精吗！李白本应踏实工作，但他飞扬狂妄，成日醉卧，皇帝叫他起草诏文时，他还在呼呼大睡，左右用冷水泼醒了他才能提笔。平时他还常因高傲得罪人。最后他被“放归”了，也就是被“开除”了。这事对他打击极大，他后半生，几乎陷于颓废、虚无，不再有前期的底气了。多少年后，永王李璘欲反，邀他为幕僚，许多人看出危险，劝阻他。他因沉寂久了，就很稀罕这个职位，求之不得，李璘赠以千金，更使他动心，他毅然答应了，以致差一点被杀头。他若有前期的傲气，也便不会上贼船了。

他在李璘幕府里写了《永王东巡歌》十一首，极尽歌咏之能事。当时李璘的哥哥李亨在宁夏接了皇帝位后，要调动李璘西进平安史余孽，李璘却调兵“东巡”想谋反。不久，李璘兵败被杀，李白的“东巡歌”成了他附逆的铁证。李白逃到彭泽，被捕。幸好浔阳狱宣慰大使崔涣及御史中丞宋若思护着他，并为他上书求免罪，但执法官认为附逆大罪要论死。郭子仪是平定安史之乱的大功臣，早年李白浪游山西时认识了他，此时郭子仪挺身而出愿以自已解官赎他免死，结果李白被长流夜郎。乾元二年（759年），天大旱，肃宗大赦天下。李白还没有走到夜郎，在巫山就遇赦了。

如果要总结这两次参与政治的经历，真该让李白“愁更愁”的。他的“愁”不是关乎国家百姓命运的“愁”，是关乎他个人命运的“愁”。

岑夫子叫岑勋，丹丘生叫元丹丘，都是他的好友，他俩不止一次宴请过李白，李白有《鸣皋歌送岑征君》《元丹丘赋》等诗说明。这次宴请，可能主人“言少钱”，李白便用虚无的道理劝解道“古来圣贤皆寂寞，惟有饮者留其名”，“但愿长醉不复醒”，又说当年陈王曹植在洛阳一处叫平乐的寺观里（贵族们寻欢作乐之地）摆酒宴，斗酒曾经值万钱。“五花马，千金裘，呼儿将出换美酒”，这又算得什么？这么大方，可是花的是人家的钱哪！慷他人之慨！一种游戏人间的态度！

如果以为这种“愁”是为国为民的“愁”，就有差距了。

2019年5月29日

李白的《临终歌》

公元762年冬天，天寒地冻，气象肃杀，李白自知生命已到尽头，写了这首《临终歌》，也是他收笔之作：

大鹏飞兮振八裔，中天摧兮力不济。
馀风激兮万世，游扶桑兮挂石袂[1]。
后人得之传此，仲尼亡兮谁为出涕。

李白自比大鹏，有远大抱负，但中途受到打击。相传东海中有大树扶桑，自己有才华，但只能挂衣袂于扶桑枝上，得不到施展。但愿自己的抱负理想，后人能传递下去。春秋时鲁哀公打猎，一只麒麟被捕，孔子为之痛哭，如今大鹏摧折，谁能为之哀痛?

李白身处盛唐时代。他24岁出川，浪游四方，自此到61岁去世，大部分光阴都在浪游漂泊中度过，好像浮萍一般。一无正当谋生手段；二无较为稳定的家庭，居无定

① 石袂当作左袂，即左边的袖子。

所；三是除了写诗，并无一技傍身——真是“三无”人员。这在太平盛世，日子还过得下去，但到整个社会困顿时，他就难生存了。

他年轻时确如他所说是“大鹏”，他结识皇帝、皇妃、达官贵人、将相王侯，交游面很广。他傲视世界，“天子呼来不上船，自称臣是酒中仙”，“一醉累月轻王侯”。他自称“狂人”：“我本楚狂人。”唐玄宗曾因他出人头地的诗歌赏识过他，任命他为“翰林”，贵妃捧砚，力士脱靴，他膨胀了。在生活上，“五花马，千金裘，呼儿将出换美酒”，阔绰得很，唯求一醉。这些金钱如何来源的？估计也是帝王将相赠予的。可是，事实上他并没有真正的治国能力，他只会空喊他的抱负，属于志大才疏的那种。很多诗人去边塞，他没有去。凭他的才能和想象，他一样写出了像《关山月》这样优美的边塞诗。他的高明就在于天才地写出许多美丽诗篇，得到无数人的吹捧。唐玄宗后来给了点银两把他放归了。就这样，他第一次进军政坛失败了。第二次是在庐山，永王李璘招他到王府当幕僚，因为李璘兵败，他也被囚禁，后来又被流放夜郎，中途遇赦才被放回。两次经历，使他的政治抱负彻底没戏。

李白有四次婚姻，第一次在襄阳，入赘于名门许氏，相处时间较长。但李白日日醉酒如泥，许氏早亡。第二次娶刘氏，刘氏看不起他，矛盾重重。李白喊出“仰天大笑出门去，我辈岂是蓬蒿人”。第三次，在山东与鲁氏联姻。五年后鲁氏殁。第四次，在河南娶前宰相之孙女宗氏，感情融洽。可是李白终年在外游荡，并不顾家。这时他42岁了。

他的妻儿不在他的关怀之中。如若有个实在的家，他在晚年也不必多次向人求助解困了——如《寄上吴王三首》颂扬吴王政绩后，请求吴王推荐工作；《赠崔司户文昆季》向一名七品官请求援手，称“只要你施恩惠于我，我一定会报答的”；《赠刘都使》里的刘都使是节度使一类的大官，李白说自己潦倒穷困，尽管来看他的客人不少，可是向他们求援一无着落，衣服、车马破坏了也无钱添置，“如果你不援助我，我只能避进深山隐居去了”；等等——最后也不必去依附当涂县令的族叔李阳冰了。他死后，他的后事都由李阳冰料理。

安史之乱中，社会动荡，他不能再像以前那样靠游历、靠人接济过无忧无虑的生活了。他晚年的几年里主要在皖南，他接触了农民、地方官员、工人、手工业者、僧侣，和他们交朋友，他自己也过起颠沛流离的生活。他从真正的劳动者的接待中，也体会出一份真正的感情。如《宿五松山下荀媪家》中透露的，一个农家老媪的一餐饭，“令人惭漂母，三谢不能餐”。当年“狂”到“五花马，千金裘，呼儿将出换美酒”，如今不能同日而语了。“狂”也是要有社会基础和经济基础的。这些“狂”基不再，反而使他真正接触到了底层民众，写出许多好诗来。

“孤帆一片日边来”何解

古诗词由于言简意赅，后世理解往往就有差异。李白的《望天门山》就因理解不同产生异义。

天门中断楚江开，碧水东流至此回。
两岸青山相对出，孤帆一片日边来。

——《望天门山》

《望天门山》是极负盛名的作品，气势磅礴，视野开阔，韵味无穷。天门山在安徽当涂县西南，此地旧属楚国，经过此地的一段长江被称为“楚江”。长江在此地被东西两山夹峙，江流湍急，青山险峻；山脉似乎被长江冲出一个缺口，两岸山势犹如双扇大门。江水受到山门的束缚，流向改向北，因此说“至此回”。天宝十三载（754年），李白受邀畅游江上，为大自然的雄奇震服，写下此七绝。时间应当是某日的早晨，所以能见“孤帆一片日边来”。只有在早晨才能领略到东边水面上太阳升起不久，波光潋滟，水面仿佛直到日边的画面。

“孤帆”，是江上的独帆船，船小，只有一面帆。“孤帆一片”是说只有一艘独帆船在日边航行呢，还是说成片的、一群独帆船从日边驶来呢？都说得通。但是，在浩瀚的江面上，日边驶来的只是一只小船，无论如何也是没有气势、没有画面感的。虽然船小，只有成片地、结队地从日边驶来，方显出与江势相符合的气势来。事实上，江面运输繁忙，如此宽阔的江面上，也不可能只有一只小船从东驶来，而会是“成片”船只驶来，有一种广阔的动态感，与江水流动的动态感相一致。

也有人说“日边”是指长安，李白在长江上想到表忠心了。

安史之乱中，永王李璘被任命为山南东路、岭南、黔中、江南西路四道的节度使，南方大权全交给了他。肃宗李亨即位后对他猜忌，李璘又不受调动和命令，后兵败被杀。

李璘兵过庐山时，正在那里的李白被邀为王府幕僚。李璘兵败后，李白被流放到夜郎（今贵州桐梓），半道遇赦，才得回来。《永王东巡歌》是李白对李璘东征的颂歌，中有“西入长安到日边”句。李白后来把参加李璘军队全说成是被迫，与当初拥护时态度相反，可能是为保全自己吧！因此说“西入长安到日边”是想说永王能入长安到“日边”吧！此“日边”的政治含义是皇位，与李白在长江上所感所受所见所思完全是两回事。所以此种解释不为人苟同。

2019年1月5日

短诗创作的巧思

古诗词格式是多种的，有长有短。不管长短历代都有大量名篇巨制出现，但是在人们之间流传最广、最为人熟知的还是那些短诗。《蜀道难》固然惊艳，可是“床前明月光”却是妇孺都能张口就来、广受欢迎的作品。

短诗，像五言绝句、七言绝句，就那么20个字或28个字，它要容纳很多内容，又要叫人回味无穷，创作过程中当然要推敲又推敲、琢磨又琢磨。其中重要的是要巧思——巧妙的切入点，巧妙的联想，巧妙的朗朗上口，巧妙的情景交融。

敬亭山只是安徽宣城众山之中的一座小山，上有亭子，可以登亭四望。在李白之前它只是普通的所在。它不像庐山瀑布气势宏伟地吸引人。面对敬亭山，要从何处着手写出一首诗来？这是一场考试。写它的亭子？写它的绿树？写它的默默无闻？都没有意义。李白的天才在于他的巧思，他从一个平常人想不到的地方切入：

众鸟高飞尽，孤云独去闲。
相看两不厌，只有敬亭山。

——《独坐敬亭山》

好像什么都没有说，又好像说了许多。在此处若多说一些琐碎情节，反而没有了诗意。唯李白这样“相看两不厌，只有敬亭山”，一方面让读者去猜、去编织自己对敬亭山的想象，一方面也叙述了诗人超凡脱俗、以山水为娱的闲适心境。人们读着，自有一种轻快的体验，转而被引导进入了一种沉思。普通人对这样的考试会不知从何着手，李白却从另一个角度写成名篇。不要只想着从习惯的正面硬攻，不只是循着一般思路去苦想，这就是巧思。

宣城的一位酿好酒的师傅纪叟去世了，李白悼念他。如果循着一般思路去写，就要写纪叟与诗人间的友好，纪叟的为人和他酿造老春的醇味，甚至哀思他身后的凄凉。否！如果这么写，没有了诗味，没有了动人的地方。李白独出心裁地写道：

纪叟黄泉里，还应酿老春。
夜台无李白，沽酒与何人？

——《哭宣城善酿纪叟》

他联想到善酿的纪叟，去了黄泉，也会是重操旧业，因为他的好酒不能就此了断。但是黄泉里没有李白，没有人知货识货，你卖给谁去呢？这真是天大的遗憾。就这个巧思，写足了李白与纪叟的情谊。

夜宿峰顶寺，举手扪星辰。
不敢高声语，恐惊天上人。

——《题峰顶寺》

峰顶寺在湖北黄梅县，佛教圣地。李白用他一贯的手法，夸张地描述该寺的高险。庐山瀑布连接着天河，飞流直下三千尺；此处是把高楼抬升几千尺，与天宫相邻，联想力发挥到了极处。据《竹坡诗话》载，杨大元有《登楼诗》：“危楼高百尺，手可摘星辰。不敢高声语，恐惊天上人。”语句相似，我相信李白诗是独创的，他的诗出来后模仿者众。“夜宿”也更符合举手“摘星辰”的情景。可作参考。

李白的短诗是神来之笔，没有生硬雕琢的痕迹。他的短诗被广泛流传，都具巧思特点。巧思是短诗写作的主要手段，显出诗人的睿智聪明，也给读者聪慧的启发。看似轻松、自如、信手拈来 ，其实创作前绞尽脑汁，不断推敲，最关键时还须灵光一闪。几十年前，南美诗人聂鲁达写颐和园里石舫的诗，说中国所有的帆都充满了风，唯独石舫停泊不动，也是一种巧思。

2019年3月4日

诗歌要耐读

杜牧的《清明》恐怕是流传最广、最为人熟知的古诗之一了：

清明时节雨纷纷，路上行人欲断魂。
借问酒家何处有，牧童遥指杏花村。

它语言通俗，写景如画，叙事简明，实在没有多少深奥的关节。但是就是这样的诗，往往使人久读不厌，掩卷后思绪难平。这就是好诗的耐读、耐咀嚼、耐回味，使读者长久地进行艺术再创造。

为什么呢？

初读似乎平常，实则蕴含丰富，情感复杂、起伏。春天来了，当然好，寒冷过去，春风化雨，诗人应当有一片欣喜之情；但是春天还有它另外的一面，春雨绵绵，道路泥泞，难于出行，“路上行人欲断魂”。幸好遇到牧童，“借问酒家何处有”，稍有慰藉，而“牧童遥指杏花村”。希望在前，但是又在遥遥的前面，而不是抬步就到。

这里，诗人对春天抒发了又喜又倦的感情，对渴望又遥又盼的追求。这种双重的、复杂的思绪只有静静地体验才能找到它的门路。

我们读李白《静夜思》，“床前明月光，疑是地上霜。举头望明月，低头思故乡”，也会有同样的感受。月光如水，长夜多思失眠，浮想家乡的一切。字面上好像很简单，小学生读此诗时可能就止于字面意义了。但是，有生活阅历的人，阅历越多越会浮想联翩。字面意义只是读者联想的起点、窗口、指引，而后会有广阔的联想，会开启艺术的再创造和领悟。家乡的山水田林路，家乡的乡情亲情，由此绵延。

杜牧和李商隐是晚唐时期最具才情的诗人。杜牧的语言精练优美，不以奇峭、晦涩、怪异、香艳取胜，而以清闲、自然、具有创造力取胜，在动人的文字中蕴含广阔的历史感、沧桑感和个人的抱负，在流畅的韵律里描绘俊朗、引人的景色。这在当时独树一帜，在今日仍不失为诗中翘楚。

2019年12月22日

最具表现力的细节

朱雀桥边野草花，乌衣巷口夕阳斜。
旧时王谢堂前燕，飞入寻常百姓家。

——刘禹锡《乌衣巷》

这是一首流传极广的七绝，也是描写世事变幻、沧海桑田的最突出的作品了。它的震撼力量，在中国诗史里难觅其匹。一首28字的小诗，达到了极高的艺术境界。在它的影响下，后世出现燕子之类的诗很多。

它成功的奥秘在哪里呢？在于诗人抓到了最能体现事物本质的最具艺术表现力的艺术细节。

作品里只有平常的、没有很大表现力的描写，往往会使作品平庸平淡。如果《乌衣巷》只停留在旧时王谢豪族世居与现时平头百姓住宅的强烈对比上，只停留在当时士族的豪华与现时野草遍地上，也是会有沧桑感、有对豪门士族的尖讽感的。但是，因为平常，艺术震撼力就不足，缺乏深刻。

诗人抓住了“燕子”这个形象，情况就起了极大变化。“燕子”是很新鲜的、有艺术表现力的形象，可以串联两个时代。但是，王谢是东晋时候的望族，东晋要经过南北朝、隋，才到达刘禹锡的唐朝，中间相隔大约有400年的历史。400年前的豪门堂前燕飞入了400年后寻常百姓家。这是出奇制胜的构思和联想，正因为如此时代变幻与沧桑被突出地表现了出来，使人耳目一新、精神为之一振。燕子是无视人间的变幻兴亡的，它只体现大自然的规律。人们并不会去追究燕子400年的动向，只感到想象的奇特和艺术表现力的强烈。

王维《杂诗》：“君自故乡来，应知故乡事。来日绮窗前，寒梅著花未？”这也有相似的情形。

故乡是人人怀念的地方，人们时时都会挂牵那里的一人一物一草一木，故乡来人，有多少问题要问，亲人乡邻、田舍村落等等。可是，诗里只问了“来日绮窗前，寒梅著花未”这样的细枝末节。只问了雕花窗前寒梅的消息，正反映了诗人对故乡一花一草的关心。选取的这个艺术细节，很有特征，很有表现力，从细微处着眼，概括了大量内容。

王维《九月九日忆山东兄弟》的“遥知兄弟登高处，遍插茱萸少一人”，用了同样的艺术手法。

2019年12月27日

辑三

白云“生处”还是白云“深处”？

杜牧《山行》是世人熟知的七绝：

远上寒山石径斜，白云生处有人家。
停车坐爱枫林晚，霜叶红于二月花。

“白云生处”一作“白云深处”，版本不同用词也不同。究竟“生处”好还是“深处”好？也有不同看法。我以为“生处”为佳。

秋天的寒山，天朗气清，白云呈烟雾缭绕的淡薄的初生状态，正因为云雾不浓，才能隐隐衬出寒山、山居、石径的轮廓、特征。如果是“白云深处”，浓云密雾，弥漫厚实，那是贾岛《寻隐者不遇》的“松下问童子，言师采药去。只在此山中，云深不知处”所写的状态了。云雾封实的山体、山居、山径，只会是一片迷茫。那“霜叶红于二月花”的鲜明、绚丽、壮美也全掩埋在云雾之中了。因此，从秋天这一季节，从云较为淡薄的形态来看，“生处”好过“深处”。

“霜叶红于二月花”是千古名句。自从宋玉《九辩》的“悲哉，秋之为气也”开始，许多诗家墨客一写到“秋”，就和“悲”连在一起了。秋天寒肃，草木萎黄，天地间有了大的变化，特别是在北方，更为突出。因此“悲”由中来，也不奇怪。不过也有逆向思维的，刘禹锡的《秋词二首·其一》：

自古逢秋悲寂寥，我言秋日胜春朝。
晴空一鹤排云上，便引诗情到碧霄。

他不是在愁秋而是在歌颂秋天。除了他，杜牧这首《山行》也属于爱秋、颂秋的诗。“霜叶红于二月花”非常突兀，他把经霜变色、行将委地的红叶歌颂了一番。在他看来，这“霜叶”胜过“二月花”，鲜艳、醒目、满山遍野，装点得寒山异常美丽。发现“二月花”的“美”不难，这是人人共有的美感；发现“霜叶”之美，却是美学欣赏上的一个突破。在杜牧之前，当然也会有人以“霜叶”为美的，但以饱满的感情写出千古颂扬的诗句的，杜牧还是第一人。他是审美的感悟者、开创者。

以前，鲜有人以落叶、黄叶为美。满阶满地的秋后黄叶是一种衰败的写照，都欲清除为快。但是现在审美感悟在强烈变化。北方绿化中，常常种植大片的、长带式的银杏。银杏叶经霜之后，如枫叶以变红为傲，会变成金黄色，金黄的秋叶满山遍野，鲜明透亮，近年人们审美感受有了巨大变化，以为银杏叶经霜后变得金黄，也是大自然赋予人类的美的享受。许多地方不再扫除黄叶，留存着一种自然美态。由此联想到杜牧当年以霜叶为美是一种发现，正如今天以银杏黄叶为美，都是一种美感的创造。

今天，人们不但以秋山红叶为非凡景色，也开始以满空金叶为非凡景观了。

《江南春》的警醒内涵

杜牧《江南春》绝句：

千里莺啼绿映红，水村山郭酒旗风。
南朝四百八十寺，多少楼台烟雨中！

这是杜牧最有代表性的作品之一。他通过短短的28字，就概括了江南的春天景色。历史上，曾经有人质疑过，“千里”的绿树、红花、山村、山郭能看得到吗？按照此人逻辑，十里也是看不到的。杜牧以他的胸怀、以他优美的文字，为我们画下了江南春天的长卷。

他诗中着力写到南朝众多的佛寺楼台，含有讽喻当朝崇佛的意思。

南朝偏居江南，崇佛风气严重。如梁武帝萧衍还是皇帝和尚。有一次他舍身入同泰寺，脱御衣，换法衣，讲经弘法十余天。王公大臣一看不像话，花钱一亿把他赎回宫中。过了几年，他又舍身同泰寺，大臣又耗资数亿赎他出来。皇帝因为痴迷佛事，在建康大兴土木。南朝短短100多年，经历四个王朝，在建康大造寺院近500所，养僧尼十余万。一是大造佛寺，耗资耗力，造成人民的负担；二是僧尼人众，不事生产，给社会背上了大包袱；三是寺院免赋免税，大肆兼并土地，成为大地主，后果严重。

杜牧在秀丽的江南春色中眺望，经过几百年，当年的“四百八十寺”，仍有许许多多楼台矗立在烟雨中。经过时间的淘洗，它们仍在诉说当年的不堪。这是深深的讽喻。

有人认为这种讽喻，意思不够明显强烈。

杜牧在一些咏史的抒情短诗中，往往在最后来一个翻转，道出了自己隐含的观点，让人回味无穷。比如《泊秦淮》：

烟笼寒水月笼沙，夜泊秦淮近酒家。
商女不知亡国恨，隔江犹唱后庭花。

他讲的是南朝陈后主陈叔宝荒淫误国，政治腐败，实则讽刺他所处的晚唐垂垂欲倒。以古喻今，起一种警醒作用。

又如《过华清宫·其一》：

长安回望绣成堆，山顶千门次第开。
一骑红尘妃子笑，无人知是荔枝来。

通过千里奔波送荔枝一事，让人追忆盛唐的衰落，是一种哀叹，也是一种惋惜，更是一种警醒。这种使人联想、使人回味的艺术力量更能深入人心。

这种咏史的诗篇，历代都有很多，很多因为太直白没有得到流传。杜牧、刘禹锡的一些诗篇得到广泛的久远的传诵，应该说与其意义深含、表现独特是分不开的。

2019年1月1日

诗人的敏锐

诗人的触感是敏锐、细致的，而且善于捕捉新鲜的内容，并用新鲜的语言表达出来。“山路元无雨，空翠湿人衣”（王维《山中》），这里写终南山中的绿色，不但写出了它的表象，还写出了它的质地。这绿色是滋润的、有质感的。行走在这绿色中，天上并没有下雨、起雾，但仿佛能够湿人衣裳。这种绿色与山外的绿色是明显不同的。

古木阴中系短篷，杖藜扶我过桥东。
沾衣欲湿杏花雨，吹面不寒杨柳风。

——志南《绝句》

这诗将初春时节的“雨”“风”写得形象极了。杏花微雨，是雨却似雾，刚刚能湿衣服；拂柳轻风已没有寒意，吹到脸上能感到春天的暖意。这样对仗工整、状物细腻、文字至美的诗句，难怪能永久流传。

峰多巧障日，江远欲浮天。

——苏轼《同王胜之游蒋山》

连王安石读后，都自叹写不出这样的句子来。遥看宽阔的江面，天水相接，仿佛天浮于水面上。

天街小雨润如酥，草色遥看近却无。
最是一年春好处，绝胜烟柳满皇都。

——韩愈《早春呈水部张十八员外》

早春一场小雨之后，土地松软，刚刚露出一点青绿草色，这草色还没成气候，所以从远处看还显示不出来，不用多时，草色就会连天生长起来。自然界的这些变化并不常为人注意，却被诗人敏锐地观察到了，而且表达了出来。

江流天地外，山色有无中。

——王维《汉江临眺》

汉江流到天地之外的遥遥远处，山色迷蒙了，朦胧了，似有似无。这样写遥江远山，自然雄浑，语言绝妙，历来为人称道。

落木千山天远大，澄江一道月分明。

——黄庭坚《登快阁》

因为时届秋冬，落叶萧萧，树秃了，山也显得大了，江也显得宽了，一轮明月也分外光明了。“落木千山天远大”，意境高妙。

万壑树参天，千山响杜鹃。
山中一夜雨，树杪百重泉。

——王维《送梓州李使君》

这是王维一首五言律待的前四句，写秦巴山中的景物到了极致。“万壑”“千山”场面极大。“山中一夜雨，树杪百重泉”，夸张然而传神，读诗时仿佛还能听到泉声的喧响。越是有水声的喧哗，越显得万山千壑之间的幽静。这样的诗句有穿透力、有震撼力。

细雨鱼儿出，微风燕子斜。

——杜甫《水槛遣心》

这也是诗圣在水边观察了许久，才发现的自然现象。细雨落到水面，仿佛有了食物的浮动，鱼儿纷纷去吻那些水波纹。微风吹起，正是虫子飞舞的时候，燕子斜飞着去捕食。这种生活场景，由于诗人敏锐的观察，才能化成极有生活情味的诗句。

2019年3月2日

《登高》和《钱塘湖春行》

杜甫是创作七律的圣手，他的《登高》被许多人认为是唐诗中最优秀的七律。白居易的《钱塘湖春行》也是众口交赞的名篇。放在一起读，是一种享受。

风急天高猿啸哀，渚清沙白鸟飞回。
无边落木萧萧下，不尽长江滚滚来。
万里悲秋常作客，百年多病独登台。
艰难苦恨繁霜鬓，潦倒新停浊酒杯。

——杜甫《登高》

第一、二句14个字，就把六种事物的动态、状况概括了，这种语言精练程度，这种精细的安排，除了老杜，少有人能够做到。风、天、猿、渚、沙、鸟，和谐地组合到一起，加上“无边落木萧萧下，不尽长江滚滚来”，把秋天的声、态、形、色都烘托了出来。中间四句是颔联、颈联，对仗工整。第三、四句是后世广为传诵的描写长江秋景的名句。第五、六句也是人们长吟不忘的名句，写尽了人世间的悲情苦况。悲秋是古诗中常见的主题，但把离家千里、年老多病、孤寂无依等凑在一起，也就使悲秋的浓度达到极致了。老杜一辈子都给人以愁苦、多思、忧国忧民的形象，《登高》没有写到忧国忧民的内容，但让人读后仍感到这个穷困老头的心里，绝不止装着一个“小我”，而是包含“大我”。

孤山寺北贾亭西，水面初平云脚低。
几处早莺争暖树，谁家新燕啄春泥。
乱花渐欲迷人眼，浅草才能没马蹄。
最爱湖东行不足，绿杨阴里白沙堤。

——白居易《钱塘湖春行》

杜甫写的是开阔的、长江的、人生的秋景，白居易写的是明媚的、西湖的、自然的初春景致。一秋一春，一悲一丽，强烈对照。读白居易的这首诗，和读他的其他作品一样，感觉畅顺，音节响亮。它不如《登高》那样，句句都蕴含更深的意味，但它写得活泼、可亲，画一样可感。早春时候几个富有特征性的细节，他都用上了：早莺争暖树、新燕啄春泥、乱花迷人眼、浅草没马蹄。他写得轻快而引人，写得很准确，使人如临其境。它的颔联、颈联对仗非常工整，虽也是常见之物，但经过跳动的安排，有了非常新鲜的感觉。

杜甫、白居易都是语言大师，都有丰富的创作经验，他们诗中表现的事物都能顺山顺水，没有勉强的成分。

2019年4月4日

“画眉深浅入时无”解

唐诗反映的生活面是十分宽阔的，金戈铁马、大江大河、高山幽谷、送别酬答、迎春送秋、人生咏叹等等，但还有像王建《新嫁娘词》的“三日入厨下，洗手做羹汤。未谙姑食性，先遣小姑尝”这样，反映的是温馨的、很有小情趣的、生活中的一个小角落，说不上有多大内涵、有多么深刻，只是生活中的一个涟漪。

朱庆余的《近试上张水部》也是这样的作品：

洞房昨夜停红烛，待晓堂前拜舅姑。
妆罢低声问夫婿，画眉深浅入时无？

这诗是朱庆余尚未出名时，呈给当时很有名的诗人，做了大官的张籍的。有人也许有疑惑，这样内容的诗，呈送给上了岁数的张籍，不可理解。其实，唐代有个“干谒”的风气，后进的人喜欢将自己的文章或诗词，呈送给甚至自己并不认识的大人物，以求得指点、提携、举荐，这也是攀附的一个途径。唐代女子结婚很早，这里写的是一个虽已结亲，但仍天真纯情、不谙世事的女子，她仍在可以“卖萌”的岁数，她的夫婿恐怕也还是个懂不了多少世事的大男孩，这一对人物在一起，却有着信任、依赖、亲昵的表现。这个题材很偏门，但却十分创新，有吸引力，很有生活味，以至一对年轻人的音容笑貌似乎可以传达到今天。

这个题材打动了欧阳修，欧阳修肯定受到影响，写了《南歌子·闺情》：

凤髻金泥带，龙纹玉掌梳。
走来窗下笑相扶，爱道画眉深浅，入时无？
弄笔偎人久，描花试手初。
等闲妨了绣功夫，笑问鸳鸯两字，怎生书？

这首词情节更丰富了，人物的行为更生动了，描述更细致了。新婚妻子早晨在窗前梳妆打扮，扎好金泥发带，插好龙纹掌形玉梳，夫婿在一旁静静观望欣赏。妻子打扮完后，含笑依偎夫婿问：“你看我眉毛的深浅画得合不合时，好看不好看？”他们依偎的时间长了，她弄笔本要描花绣花，也被耽搁了。为什么呢？她是在问夫婿如何能把“鸳鸯”两个字写得更好啊！写得俏皮香艳，娇媚如画，表现了十足的闺中生活情趣。

词起源于晚唐五代，原是风谣里巷的叙述男女哀乐的民间音乐，后来文人加入写词，引向高的、美的境界。词的发展也分有几个阶段，很快从单纯地描写男女情爱，发展到苏辛豪放派的出现，性质从娱乐发展为词人们内心情感的抒发、对社会生活的指点。宋诗也是有很高水平的，比起唐诗的大气、包容、眼界开阔来，宋诗更注重现实生活，更多情趣、更多理性，但宋诗被庞大的宋词系统挤到了非主要地位。

诗和词的确有所不同：一是长短句、格式词牌的不同。二是反映的内容不同。词反映身边生活、爱情为多，讲究格调的委婉缠绵、用词的艳情绮思、音律的回荡和谐，作者的主体意识鲜明强烈。三是写作手法上也有不同。许多词家都说，词能写的内容诗有时就写不了。当然有的诗能写的，词也写不了，比如《蜀道难》（李白）、《北征》（杜甫）。

欧阳修的《南歌子·闺情》，除了写“画眉深浅入时无”外，还加进了“窗下笑相扶”“弄笔偎人久”“等闲妨了绣功夫，笑问鸳鸯两字，怎生书”的内容，一层又一层，使内容更丰满，人物音容笑貌更动态、更动人。这许多内容，诗里就写不进去，读朱庆余的诗和读欧阳修的词，感受就是不一样，一个仿佛在局外看，一个仿佛身临其境。

欧阳修是北宋词界的代表作家，他对词的贡献是很大的，当然，他的更大贡献在古文运动上、散文创作上。

2019年4月28日

风雨诗人许浑

古代诗人中常常有因为一两首诗突出而著名的，甚至有因一两句突出的诗句而耀眼于诗史的，许浑算是一个。他善写律诗，多有登高怀古之作，他的“山雨欲来风满楼”，是神来之笔，十分有名，以至于成为口头常用之语。

一上高城万里愁，蒹葭杨柳似汀洲。
溪云初起日沉阁，山雨欲来风满楼。
鸟下绿芜秦苑夕，蝉鸣黄叶汉宫秋。
行人莫问当年事，故园东来渭水流。

——《咸阳城东楼》

咸阳和西安相毗邻，西安在东，咸阳在西。咸阳是秦的都城，长安（西安）是西汉都城。因此诗人登楼看到旧时的秦苑、汉宫之地，还有芦苇摇摇、杨柳飘飘的湿地。正值傍晚，太阳西沉密云骤起，风雨将到。俗语说，风是雨的头，雨到之前，风必早到。这风大得很，吹得帘飞楼摇；风不大也不能称为“风满楼”。风狂，雨也暴，狂风暴雨很快合到一起。“山雨欲来风满楼”，本是写实之语，但它具有更深的意义，可以延伸为重大事件发生之前必有先兆、预警、前奏。这延伸之义不再限于一场风雨，而可以泛指世上所有事物。这句诗也成了有名的、富有哲理意味的句子了。

许浑另有一首《谢亭送别》：

劳歌一曲解行舟，红叶青山水急流。
日暮酒醒人已远，满天风雨下西楼。

在天气不好的时候送别，心情不免惆怅，这时恰巧又遇上风雨。风雨来得急，天气昏暗下来，急急的流水把友人送得很远很远了。诗人本想下楼再追赶一程远去的行舟，迎接他的是满天劈头劈脸盖下来的风雨。“满天风雨下西楼”，惆怅中有更多怀恋。这句风雨诗句，也隐含了更深的含义，意谓人在纷乱的环境里、政局中，识大局地早点退出吧！

许浑的两首诗，都写风雨，都包含了人生哲理，都对人生起着警醒作用。

2019年3月25日

刘长卿的“风雪夜归人”

刘长卿，河北河间人，一说安徽宣城人，擅长五言，人称“五言长城”。他的“风雪夜归人”就很有名。

日暮苍山远，天寒白屋贫。
柴门闻犬吠，风雪夜归人。

——《逢雪宿芙蓉山主人》

这20个字看似简单，细读起来，其中层次还很多。

“日暮苍山远”写日落之后，暮色苍茫，没有月光没有星星，但是天色还没有到漆黑的程度。风雪来到之前，本应夜色浓厚，难辨远处景物了，但是此时仍能看到远处的苍山，说明离风雪来到还有一段时间。从距离上说，暂时还看不到山边简陋的白墙小屋。

“天寒白屋贫”。“夜归人”继续向前走，向苍山山脚靠近。这时，距离山脚越来越近了，能够看到那简陋的小屋了。小屋墙上是涂了石灰的，白白的，比较抢眼，较远的地方就能看到。这时，风雪好像还未来临，要不然在迷茫的风雪中是看不清寒天中的白屋的；或许是风雪已经来临，但风势雪势尚不太大，仍能分辨朦胧中的小白屋。

“柴门闻犬吠”。时间继续向深夜推进，“夜归人”继续前行，继续与白屋靠近。这给了我们时空运动着的感觉，是动态的，而不是静止的。在此之前因为离得还远，柴门里的犬并没有发现有人靠近，所以没有动静；由于越走越近，柴门里的犬吠起来了，它们感觉到有人来了。在这四顾茫茫、没有人烟的地方，突然听到犬吠，无疑会感到一种温暖、一种亲近；同时，深山旷野中看家护院的犬，是很凶猛的，又会给人警觉和警告，使人感到一种陌生、一种距离。这种复杂感受只有亲临其境的人才能真切体验。这天寒地冻，这风雪交加，这更深夜黑，这犬吠震天，倒打破了这山间沉静。

“风雪夜归人”，不速之客来了。从还看得清的“苍山远”，到能辨别得出“白屋贫”，再到听到了犬吠声，这一步一步跋涉艰难，费了不少时间，才得到了“风雪夜归人”的结局。尽管风雪交加，尽管犬吠夜深，但是最后归结到“归”字上了。哪怕是借宿，在这天气这情景中，“归”的感觉仍是暖心的。

这20个字，细细品味就有如此丰富的内容，它在时空运转中领读者深入。“五言长城”，名不虚传。

2019年4月12日

卢纶的《塞下曲》

唐代的边塞诗人除王昌龄、高适、岑参外，还有一群知名的诗人，卢纶就是很有特色的一位。

卢纶，山西永济人，生活在唐肃宗年代。他曾任河中元帅府判官、检校户部郎中。他有军旅生活的经历，有创作基础。他的《和张仆射塞下曲》就很有名。

鹫翎金仆姑，燕尾绣蝥弧[①]。独立扬新令，千营共一呼。

——《和张仆射塞下曲·其一》

林暗草惊风，将军夜引弓。平明寻白羽，没在石棱中。

——《和张仆射塞下曲·其二》

月黑雁飞高，单于夜遁逃。欲将轻骑逐，大雪满弓刀。

——《和张仆射塞下曲·其三》

① 蝥弧，旗名。《左传·隐公·隐公十一年》记载“颍考叔取郑伯之旗蝥弧以先登”。后借指军旗。

第一首里的“金仆姑”是箭名，用大鹰的羽毛装配着的名箭，举的是飘着燕尾飘带的大旗。这是古代有名人物用过的名箭名旗，如今将军用以发号施令，万千部下列阵齐声呼应。的确是十分壮观的场面，十分威武的阵势。借古代名人之势，扬今日大将之盛，很显然地突出了今日大将的形象。

第二首诗人又依托古名将的故事来烘托今大将的英武。《汉书·李广苏建传》记载：“广居出猎，见草中石，以为虎而射之，中石没镞，视之石也。他日射之，终不能入矣。”汉将李广用勇力射虎穿石，但之后再也无法射入了。今大将暗夜惊风，引弓怒射，天亮后再找白羽，居然箭入石中。这不是李广再世嘛！而且比李广更神勇一点。

第三首描写了将军的忠于职守，毫不懈怠。单于趁夜遁逃，要不是大雪落满弓刀，他也会长驱追赶了。“月黑雁飞高”的氛围，显现了战场上的悲壮和紧张，显现了将军的英武形象。

这三首诗的共同特点是，诗人有意识写人——将军，努力去塑造、烘托人物形象。这一点难能可贵。一般的边塞诗只着力写景、写诗人的感受，很少注意到去塑造形象。比如戴叔伦的《塞上曲》：

汉家旌帜满阴山，不遣胡儿匹马还。
愿得此身长报国，何须生入玉门关。

这首诗也因其英雄气概而非常动人。其中也引用了班超的故事。班超出使西域，留守31年之久。年老了他上疏请求归来，说："臣不敢望到酒泉郡，但愿生入玉门关。"而戴叔伦更进一步说："愿得此身长报国，何须生入玉门关。"日月昭昭，英气豪豪。但戴叔伦只是抒发个人感情，没有着力去塑造人物形象。对比之下，我感到卢纶诗就有自己明显的特点。

2019年3月31日

李商隐诗的朦胧

李商隐写了许多好诗，有些诗句长期被人引用，如“身无彩凤双飞翼，心有灵犀一点通”“春蚕到死丝方尽，蜡炬成灰泪始干”“春心莫共花争发，一寸相思一寸灰”“相见时难别亦难，东风无力百花残”等等。这些名句畅顺通达、深刻明了。但是李商隐的许多诗，历来在理解上存在许多分歧。

他的诗为什么会难解难懂？其一是用典太多，因为典故往往是多义的，读者难以捉摸；其二是思维转换跳动太大，常常不依逻辑跨越，内中缺少联系，使得读者恍恍惚惚；其三是感性的表述与理性的认识并不交集；等等。现代的朦胧诗与古代的朦胧诗有相似特点，但现代朦胧诗语言芜杂、语法欠妥，而古代朦胧诗的语言往往是优美动人、炼字炼句十分到家的。

李商隐的《锦瑟》是他的代表作，也是他争议最多的作品。有人说他是写悼亡的，有人说他是写处于牛（僧孺）李（德裕）党争夹缝中的艰难处境的，反正莫衷一是。全诗如下：

锦瑟无端五十弦，一弦一柱思华年。
庄生晓梦迷蝴蝶，望帝春心托杜鹃。
沧海月明珠有泪，蓝田日暖玉生烟。
此情可待成追忆，只是当时已惘然。

诗是真实地反映诗人的情感和心意的，因而也只能从这方面去理解。据说上古时瑟有50根弦，声音哀伤悲怆，使人承受不了，后来才改为25弦。此时李商隐年已半百，锦瑟无缘无故仍用50根弦弹奏他的五十年华，如弦声般悲怆无比。他的大半生在政治上是不得志的，是奔波愁苦的。他感到他的生命处于庄周化蝶那样的梦幻中，如同古代望帝因为过错失国，悲愤而化为杜鹃，在春天啼叫得吐血不休，但是过去的一切不会再回来了。他本是很好的珠蚌，每当明月夜就会吐出明珠来；他本是蓝田玉，日暖时会升腾起轻烟。但这一切都得不到时代的赏识。回忆过去的一切，都成了惘然一片，此时也没有必要再去回顾了。他在感叹自己的大半生。

李商隐的《夜雨寄北》也是一首为人熟知的诗：

君问归期未有期，巴山夜雨涨秋池。
何当共剪西窗烛，却话巴山夜雨时。

这首诗不像他其他的诗那么晦涩，而明白如话，一看就懂。当然以前也有人争论，此诗有人认为是给妻子的，有人认为是给友人的。说给妻子的更可信一点。虽只四句，他也不直说此时我在巴山夜雨声中，如何想念你，而用意识流办法绕一个圈说：等到我们相见时，共剪西窗的烛花，我再告诉你我此时在夜雨中的感受吧。这样一来，诗意有了曲折，有了意趣，有了期待，想念之情也更深了一层，不是吗？

2019年1月24日

蜡烛形象

胡适曾说，诗到李商隐手里是一个“厄运”，词到吴文英手里是一个“厄运”。胡适是白话文的创导者，他对晦涩难懂、用典多多、言必有出处的作品是持否定态度的。李商隐诗、吴文英词有一些属朦胧派，至今难解。可是李、吴在诗界、词界是有贡献的，特别是李商隐，贡献很大。蜡烛是古典诗词中常有的描写对象，而李商隐很早就赋予了蜡烛崇高形象。

相见时难别亦难，东风无力百花残。
春蚕到死丝方尽，蜡炬成灰泪始干。
晓镜但愁云鬓改，夜吟应觉月光寒。
蓬山此去无多路，青鸟殷勤为探看。

——《无题》

这诗的前四句已成绝唱，许多诗与之相较，顿觉失色。相见那么困难，分别更是艰难困厄，刻骨铭心。春风已经疲惫、百花已经凋残的暮春，更添愁绪。“春蚕到死丝方尽”，生命到头相思才能到头；“蜡炬成灰泪始干”，蜡炬变成灰烬相思之泪才会结束。早晨照镜愁见青丝变白，夜晚吟叹直觉寒气逼人。蓬莱山仙人居所已无多路，作为使者的青鸟先去探看——西王母会见汉武帝，曾遣青鸟先到殿前通知。

“春蚕”“蜡烛”两句，写尽相思之苦，写尽至死方休的爱情。蜡烛的地位被提高了，它不再是许多诗词中所描写的陈设之用的日常之物，而是人类情感中最炽热部分——爱情和相思之苦的象征之物了。

多情却似总无情，唯觉樽前笑不成。
蜡烛有心还惜别，替人垂泪到天明。

——杜牧《赠别》

这首诗是扬州浪子杜牧惜别情人之作。酒杯之前要道别，一时冷场一时细语，有情却似无情。只有蜡烛知道他们的离别之苦，由蜡烛来代替他们垂泪到天明了。诗人抓住了蜡烛的两个特点：一是“有心”，唯蜡烛“有心”才能代有情人惜别；二是“垂泪”，能垂泪才能为有情人抒相思之苦。有情之人的“情”感染得无情之物也都有情了，可见这感染之力度有多大。

醉别西楼醒不记。春梦秋云，聚散真容易。
斜月半窗还少睡。画屏闲展吴山翠。

衣上酒痕诗里字。点点行行，总是凄凉意。
红烛自怜无好计。夜寒空替人垂泪。

——晏几道《蝶恋花·醉别西楼醒不记》

晏几道的父亲叫晏殊，官至同平章事兼枢密使，晏殊也是一位大词家，他最有名的是《浣溪沙·一曲新词酒一杯》：“一曲新词酒一杯，去年天气旧平台。夕阳西下几时回？无可奈何花落去，似曾相识燕归来。小园香径独徘徊。”这首词书写了诗酒生活的闲适，继而产生的淡淡忧愁。面对春将归去，而流露一种惆怅孤寂的情绪。晏几道承继了父亲的基因，也是一位大词家，但是，晏几道到晚年，家道中落潦倒，所写大多是男女悲欢离合、惆怅伤感之辞。《白雨斋词话》说他“措辞婉妙”“一时独步”。上引这首《蝶恋花》即属此类作品。词末几句借蜡烛垂泪，与前人作品中的意念相同。面对歌女，也要红烛为其夜寒垂泪。

蜡烛频频代人们垂泪，表现了相思之苦或离别之痛。一个好的想象或创造，很容易为后人沿用。

2019年4月25日

辑四

李后主的词

南唐后主李煜与宋徽宗赵佶，因为相似的经历和突出的艺术才能，一直受到人们的特别关注。

李煜是词史上最杰出的代表人物之一。他的作品传播极为广泛，后来的诗词学者们很少有不为李后主折服的。一个身败名裂不得善终的亡国之君，得如此重视，也是历史上一个奇特的现象。他嘛，公元961年嗣位，在位15年，既无安邦定国的才能，也没有这份努力和用心。公元975年金陵城破被俘，公元978年被宋太宗赵光义用毒药毒死，时年42岁。人人都说刘备的儿子“傻”，实在比李煜聪明。阿斗被俘后，人问：“颇思蜀否？”阿斗嬉笑自若地说：“此间乐，不思蜀。”最终得以免祸。而李煜成了阶下囚后，整天怀念“故国”，“不堪回首”，惹怒赵光义，被赐药而终。这也说明他不如刘禅有心机，他“生于深宫”，不明世事世理，以天真的心绪看待险恶的环境。这一点也是博得后人无限惋惜的。

李煜前期在深宫妇女群里写的词，只是纨绔少年的自娱自乐，亡国之后才真正懂得了人生。

李后主对词的发展是有很大推动作用的。

第一，词这种诗歌形式产生于唐代，李白就写过词。但受到诗的挤压，词到了晚唐才有了大发展。晚唐的花间派基本上是艳辞情曲，李后主前期的词也是这种格调，直到亡国之后，他觉醒过来，痛定思痛后的作品才换了面貌。

王国维赞叹："李重光之词，神秀也。""词至李后主而眼界始大，感受遂深。"就是说，词到了李后主手里，眼界、内容、所反映的生活面和社会面，开始变大变宽，思想情感也有了深度。这是李后主给予词的变化的极大推动。之后，苏轼、辛弃疾都承接了这个变化。还有范仲淹、岳飞、文天祥、张孝祥、张元幹，都写过眼界大、气势雄伟、所思深刻的作品。王国维所说的"词至李后主而眼界始大，感受遂深"，也说明了词的发展自此跨上了一个新台阶。

第二，词到李后主手里，他把世间的愁情苦绪写到了极致。

四十年来家国，三千里地山河。
凤阁龙楼连霄汉，玉树琼枝作烟萝。
几曾识干戈？
一旦归为臣虏，沈腰潘鬓消磨。
最是仓皇辞庙日，教坊犹奏别离歌。
垂泪对宫娥。

——《破阵子·四十年来家国》

南唐公元937年立国，975年亡国，差不多40年。南唐属地包括现在的江、浙、皖、赣、闽一带，3000余里都是膏粱富庶之地。至于皇宫，凤阁龙楼，雕栏玉砌，玉树琼枝，这一切，一夜之间全都换了归属，以前至尊之主现在成阶下之囚。“沈腰”是说南北朝诗人沈约给朋友写信说自己“已老病，百日数旬，革带常应移孔”。“潘鬓”是指晋朝诗人潘岳写诗说自己双鬓斑白，已经衰老。李煜何止是衣带渐宽，鬓白衰老？他已跌进另一个世界了。其间的落差，是世上最大的落差了。

朝代更迭，世事反复，是历史脚步留下的痕迹。李后主能开城门投降，免动干戈，没有造成历史上极为多见的城破屠城，保护了金陵无数人的性命，保存了金陵诸多建筑，也是一大善举。大讲阶级斗争的年代，许多人并不同情他，说他把“家”与“国”硬联在一起，破的只是他的“家”而已。无论如何，他经历了世上最大的剧变，在他身为囚徒的生活里，接触到的任何东西，都会引起他的深痛巨创。他绝非政治上有作为的人，即使在如此险恶困境，他也不会去梳理检讨他在位时导致亡国亡家的政治、军事、财政、民生上的失误，他只会怀旧、伤痛，而且将之发挥到了极点。在人们也处于相似的境遇中时，这种伤痛会引起极大的共鸣。这种伤痛，不是怒目式的，不是切齿型的，而是人性深处的长久的精神的折磨。

多少恨，昨晚梦魂中。
还似旧时游上苑，车如流水马如龙，
花月正春风。

——《望江南·多少恨》

无言独上西楼，月如钩。
寂寞梧桐深院锁清秋。
剪不断，理还乱，是离愁。
别是一般滋味在心头。

——《相见欢·无言独上西楼》

任何时候，那魔咒如影随形，无法摆脱。艺术作品能如此深入到精神层面、人性层面，是难得的，是高超的。

第三，李后主词的语言表述的过人之处是自然、明朗，很少用典故。他用纯真的语言表述纯真的本性（也就是王国维说的他有“赤子之心”。什么叫“赤子之心”，就是没有生活经验，没有社会历练，天真任性，还是一种青少年式的社会认知心态，对社会的复杂险恶，基本无知），没有一个字是虚浮失真的。有许多诗人讲究写诗无一字无出处、无一事无来历，但文学创作的源泉是现实生活，都去故纸堆里找“源泉”不成了文字游戏了？我们看到的许多词只是典故和华丽词汇的堆砌，这恰恰造成人们接触作品本意的障碍。李煜的语言属白描式的，白描有一种炉火纯青的文采。

春花秋月何时了？往事知多少。
小楼昨夜又东风，
故国不堪回首月明中。
雕栏玉砌应犹在，只是朱颜改。
问君能有几多愁？
恰似一江春水向东流。

——《虞美人·春花秋月何时了》

春花秋月是无尽头的，“东风”“月明”只会招来许多愁楚。愁“恰似一江春水向东流”也是没有尽头的，这一句类似大白话的名句，流传了千年，具有多么震撼的力量。

帘外雨潺潺，春意阑珊。
罗衾不耐五更寒。
梦里不知身是客，一晌贪欢。
独自莫凭栏，无限江山。
别时容易见时难。
流水落花春去也，天上人间。

——《浪淘沙令·帘外雨潺潺》

春天本是人间美色，春天的离去如同无限江山的离去，成了惆怅的根源。“天上人间”，有着天上地下的差别。

林花谢了春红，太匆匆！
无奈朝来寒雨晚来风。
胭脂泪，相留醉，几时重？
自是人生长恨水长东！

——《相见欢·林花谢了春红》

诗人时时觉得自己还生活在过去的境遇里，处处都感到不对了，一点点生活中的变动，他就敏感地进行对比，对比的结果是“痛”，是“恨”。有人说，此词最凄婉，虽是白描，而“自是人生长恨水长东”是作者心灵最深处的无奈。

多少研究者、读者对李后主的词做过这样或那样的评述，但都归结为一点：他的词是词界高峰。他个人的哀痛，因为揭示到了人性的深处，也引起了广泛的共鸣。曾经在国难当头时，多少人珍视他的词啊！

2019年3月12日

宋代的军事

陆游的诗词，那种激奋的爱国之心、至死不忘收复疆土的报国之志，力透纸背，跳动于字里行间。南宋的许多词家诗人如辛弃疾、陈亮等等，他们的诗词都是如此。陆游在48岁时，还到川陕宣抚使王炎公署里参加军事活动。直至耄耋之年，军号声始终响在他的耳边。

当年万里觅封侯，匹马戍梁州[①]。
关河梦断何处？尘暗旧貂裘。
胡未灭，鬓先秋，泪空流。
此生谁料，心在天山[②]，身老沧洲[③]。

——《诉衷情·当年万里觅封侯》

国仇未报壮士老，匣中宝剑夜有声。
何当凯旋宴将士，三更雪压飞狐城。

——《长歌行》

---

① 今陕南地区。
② 指抗金前线。
③ 靠近水的地方，古时常用以指隐士的居处。此处指作者位于镜湖之滨的家乡。

他时时处处不忘收复疆土，驱逐金人。直到生命最后一刻，还在《示儿》：“王师北定中原日，家祭无忘告乃翁。”

大家都知道宋代重文轻武，北宋时对辽国、南宋时对金人，朝廷采用的一直都是防御的战术。北宋时，范仲淹还能镇守远远的延安，“胸中自有数万甲兵”，与西夏对峙；到了南宋，与金人只能以淮河为界了，多少诗人词家对这条淮河发出过丧权辱国的哀叹。不过南宋却也曾用赔款献物，维持了相当长的无战时期。为什么宋代军事力量软弱，难以御敌呢？这是宋代的军事制度造成的。

晚唐、五代以来，由于不断的战乱，中原一带城乡破败，民生凋零，各地骄兵悍将很多，人人都懂得刀把子上出政权。宋朝立国之后本应大力清理，推行兵将退役制度，但因怕得罪这些骄兵悍将，容忍了下来。宋代用兵分“禁军”“厢军”两种。因为原有的属地方的军队不堪重用，所以必须挑选合格之人，组建“禁军”。挑选时身高体重都有标准，起初是用活模特到各地去做样板，后来改用木头人做样板挑选。“厢军”在地方上，没有作战任务，只有劳役任务，如助地方修桥铺路等等。如此，有名无实的军队只进不出，越养越多，兵冗为患，且纪律松弛。宋太祖时实际军队人数只有20万，宋太宗时已达60万，宋仁宗时高达120万，财政不堪重负。

赵匡胤黄袍加身，取得皇位，因此时时警惕，很怕再来一个陈桥兵变，于是采用崇文抑武的办法。宋代科举取士特多，又造成冗官太多。朝廷怕兵将在一起相处久了，会发生第二次“黄袍加身”事件。于是，将不动，属下部队经常调动，弄得兵不认识将，将不认识兵，许多抗金名将又杀又贬。如狄青行伍出身，与部下相处很好，很不叫朝廷放心，始终不得重用。军人不受重视，社会地位低，当时就有谚语云：“好铁不打钉，好人不当兵。”这对巩固国力非常不利。

宋代版图大大缩小，养军马的东北、西北，都不在手中了。北方强敌以骑兵为主，宋兵难以抵抗。王安石等也想由农民来分散养马，因为养一匹马等于养25个人，政府养不起。农民分散养马平时可以用于驮、耕，战时用于厮杀。可是平时不经严格训练的马，上阵有用吗？

宋代财政吃紧，中央收得很紧，不给地方留有财政积累。这一因冗兵冗官多，中央负担重；二因要大量赔款献物给北方强敌，以此来买“平安”。一旦北方强敌攻击某城某地，地方根本无力抵御，中央也难救援。这也造成了强敌的肆无忌惮。

最根本的是南宋皇帝及统治集团只图偏安、享乐，不思进取。

宋代的经济、科学、文学的发展，在中国历史上处于高峰，但军事在宋代处于软弱时期。国家不幸诗家幸，家国的灾难、屈辱、苦厄，反而激起了文人们的悲愤、激起了文人们不屈的情思，写出了许多好诗好词，其中陆游是代表。

2019年5月3日

从诗中看宋代的重税

宋朝冗官多是很出名的。“官五倍于旧”，官僚阶级比汉唐都庞大。冗官哪里来的？一是宋代科举制度取士又宽又滥，放宽了做官之路。宋初每次科考取士才三五十人，最多不过几百人。宋真宗时却一次取士3000人，创历史最高。唐代考上了功名，并不能马上做官，宋代登科后一般很快授予官职。两宋历时300余年，共取士11万人。二是还有“恩荫”，从宋真宗开始给皇族、宗室、官僚子孙及亲属甚至门客授官，也算是不经过科考的最大后门。这些人素质很低，恃权傲礼，骄横跋扈，不学无术，能力低下，充塞于官衙。而养官是要费用的。

除了养冗官，还要养兵。因为打败仗要议和，还要向金国贡钱贡绢，这个数目越来越大。

所有这些都加到百姓身上，暴敛横征，百姓饥寒交迫。宋代的税收又多又重，除了正税还有杂捐。官府还将税赋包给豪强征收，更是天怒人怨。

很多宋诗写到苛捐杂税之后的农村窘况。只要诗人接触生活，不闭上眼睛，都会看到民众身处水深火热之中的景象。王安石、李觏都写过这样的诗，写得很是别样。

范成大《四时田园杂兴》共60首，并不都是写农村一年四季的兴味盎然、构思精巧、取材别致的内容，还有一些反映了农村真实的苦难。

采菱辛苦废犁锄，血指流丹鬼质枯。
无力买田聊种水，近来湖面亦收租。

——《夏日田园杂兴十二绝·其十一》

无田可种而种水（水中养殖），官府又盯上要收租了！

垂成穑事苦艰难，忌雨嫌风更怯寒。
笺诉天公休掠剩，半赏私债半输官。

——《秋日田园杂兴十二绝·其五》

农民要上书祈求老天了，不要掠夺那么狠，一年辛苦之后，一半还债一半交租！宋代官家收租，一石还要外加六斗的“耗”。官家剥削农民口口到肉，农民负担极重。范成大因此在《腊月村田乐府》中说：“官租私债纷如麻，有米冬舂能几家？”宋代农民在重租之下，饥苦难熬！

宋代租税名目繁多，无孔不入。洪咨夔的《促织》中写道：“水碧衫裙透骨鲜，飘摇机杼夜凉边。隔林恐有人闻得，报县来拘土产钱。”通过小虫促织来讽刺官府收租的无孔不入。促织冒着夜凉躲在林草丛中鸣叫，都怕声音大了，引得官府来收土产钱。

范成大的湖面收租和洪咨夔的促织避交土产钱两诗，都因为题材别样，更突出了宋代租税之重、之多、之酷！通过这些诗，我们也认识到一味说宋代如何发达的不对了。

2019年1月2日

宋真宗的《励学篇》

长期在民间流传的“书中自有黄金屋”“书中自有颜如玉”之类的话，是有源头的。

富家不用买良田，书中自有千钟粟。
安居不用架高堂，书中自有黄金屋。
出门无车毋须恨，书中有马多如簇。
娶妻无媒毋须恨，书中有女颜如玉。
男儿欲遂平生志，五经勤向窗前读。

——宋真宗《励学篇》

宋真宗，997—1022年在位。一个皇帝用写顺口溜的办法，宣传他的读书观，以功名利禄为鱼饵，引那些读书人上钩，是有目的的。

赵匡胤于960年发动陈桥兵变，后建立宋朝。经历了唐末、五代的几十年的黑暗、分裂、破败、痛苦，天下人也希望有一个比较平静的时代。赵匡胤用各个击破的办法，先后平定了割据政权，削夺了藩镇的兵权，陆续派文臣外出代军人掌握地方行政以及地方财政。中央集权，结束了混战割据。宋代的重文轻武，一定程度上改变了那个年代的社会文明质素。赵匡胤也立下规矩，不杀士大夫，重视科举，刻意奖励文学绘画，复活了学术氛围；又兴修水利，开垦荒地。因此宋初时社会得到发展。

宋真宗写这首诗也是因为重视科举，有广揽人才的目的。

科举当然有选拔人才的功能，然而不能培养人才。唐代的科举使门第传统慢慢消失了，许多农村子弟、白屋书生、偏远考童可以进入取士范围。宋代面向的考生，更多的是优秀的基层人士。

考试的科目大有讲究。学，总是要致用的；考，也要能致用。唐代考的是文选诗赋之类。到了宋代，不少人认为，考什么往往能对考生们学什么起到方向性指导，提倡学诗赋，学风花雪月，学浮云流水，以之为取士标准、物色人才的准绳。这似乎是有偏差的，这样培养出来的，并不就是有治理国家的真才实学的人。于是，宋代考试内容改为考“经义”，也就是宋真宗诗中所说的“五经勤向窗前读”。可是不久人们发现考“经义”还不如考“诗赋”，王安石就叹息过，本想变学究为秀才，不料却是变秀才为学究了。学诗赋，还是需要接触现实生活和各种人作为写作的基础，要不就写不出诗赋作品来。学“经义”，成日背诵与现实生活脱节的死东西，脑子都弄坏了。即使考上了，要照“经文”所说的去行事，不成了学究了吗？不成了傻子了吗？不成了昏官了吗？

宋代科举取士太多，特别是宋真宗时期，取士数目往往是正常年景的数倍之多。冗官多了，便是极大弊病。

宋真宗这首诗触及的是宋代考试制度的问题，其中可讨论的问题很多。鼓励读书总是好事，但是要读有用之书、读可以活学活用之书，而不只是读“五经”。用今天的观点来说，读书也是能使许多乡村子弟、贫困家庭子弟改变命运的途径，但是读书的更深更重要的目的在于实现人生价值、有利于国家民族，而不只是出人头地。令人惊异的是，1000年前的人们热衷的竟也是今天许多人热衷的车子、房子、婚事。

2019年5月6日

《渔家傲·秋思》有唐代风格

范仲淹不但散文写得好，一篇《岳阳楼记》千年传诵，他在文中提出的人生理想“先天下之忧而忧，后天下之乐而乐”，至高至上；而且诗词也写得好，《渔家傲·秋思》是少有的描写边塞的宋词。唐诗有点像山东汉子豪言，宋词除苏（东坡）辛（弃疾）作品外，像是吴侬软语。《渔家傲·秋思》则有唐代风格，从气魄、内容、思绪上看都是如此。

塞下秋来风景异，衡阳雁去无留意。
四面边声连角起，千嶂里，长烟落日孤城闭。
浊酒一杯家万里，燕然未勒归无计。
羌管悠悠霜满地，人不寐，将军白发征夫泪。

——《渔家傲·秋思》

范仲淹在北宋时，历任陕西经略副使、参知政事、陕西四路宣抚使、延州（今延安）知州等职。在讲《渔家傲·秋思》时，特别要讲的是北宋的边界曾到达延安。南宋诗人多么憋屈，边界是淮河，“何必桑乾方是远，（淮河）中流以北即天涯”（杨万里），“渐近中原语音好，不知淮水是天涯”（路德章）。范仲淹文武双全，镇守延安多年，西夏国不敢来犯，延安成为北方边防第一重镇。这使得南宋诗人有着光辉的回忆。延安嘉岭山（宝塔山）下的岩壁上刻有数尺见方的八个大字“胸中自有数万甲兵”，据说是范仲淹手书。那里还有纪念范仲淹的祠，纪念他的刚毅和功绩。唐代只有严武、高适与范仲淹相似，都实际带过兵作过战，唐代其他许多边塞诗人，并没有经历过上阵厮杀，只能算是“体验生活”。因此有着实在战争经历的军事领袖来写这首《渔家傲·秋思》，意义就很不同了。

这首词写的是北方边塞深秋时候兵将的生活和思绪。

“衡阳雁去无留意”，相传北雁南飞要到衡阳回雁峰前才停止，大雁怕北地荒寒，飞走再无消息；“羌管悠悠霜满地”“四面边声连角起”，更增添了边疆紧张气氛；“千嶂里，长烟落日孤城闭”，崇山峻岭间的孤城重镇，早早关了城门。这一切都是唐诗里曾经出现过的场景。

这里的守边兵将很多是南方人，范仲淹就是苏州人。长年戍守，想念家乡是必然的，但是守边责任重大，必然要面对这秋风、边声、孤城、羌笛、落日的苍凉和紧张。“燕然未勒归无计”，敌人还在面前，谈不上回家的事。最后只能是“人不寐，将军白发征夫泪”。在守边责任和思乡情切之间，只能选择前者。这种纠结，在唐代边塞诗中是普遍存在的。

范仲淹在延安任边防军长官长达四年之久，他的作品有着强烈的“边声”。

2018年12月31日

欧阳修的多才

欧阳修可以说是位全才。他虽然仕途曲折屡遭贬逐，但仍做到枢密副使、参知政事（副宰相）。文学创作方面，他是唐宋八大家之一，是古文运动的推动者，是北宋文坛领袖。他的诗语言流畅自然，清丽生动。比如“春风疑不到天涯，二月山城未见花。残雪压枝犹有橘，冻雷惊笋欲抽芽。”（《戏答元珍》）“雪消门外千山绿，花发江边二月晴。”（《春日西湖寄谢法曹歌》）他的散文更是拔尖，比如《醉翁亭记》，“环滁皆山也，其西南诸峰，林壑尤美”，乃千古名篇。他的词，王国维评论道：“豪放之中有沉着之致。”刘熙载在《艺概》中说：“冯正中（延巳）词，晏同叔（殊）得其俊，欧阳永叔（修）得其深。”有人评说，欧阳修的词在词史上的影响，如分水岭，如里程碑，是由晚唐词到北宋词的第一个转折，在气魄上、在深度上、在内容宽度上都有变化。欧阳修的才能不仅表现在诗、文、词上，他还是一位历史学家。他和宋祁等合著了《新唐书》，独自编写了《新五代史》。北宋写史学著作的文人，还有一位是司马光，也是宰相级别的人，主修了《资治通鉴》，但司马光的文学成就不如欧阳修。

下面对欧阳修的词做一些评论。

去年元夜时，花市灯如昼。
月上柳梢头，人约黄昏后。
今年元夜时，月与灯依旧。
不见去年人，泪湿春衫袖。

——《生查子·元夕》

这是一首充满青春骚动的词，“月上柳梢头，人约黄昏后”，早被人熟用成日常用语了。上半是写男女青年在元宵节晚上幽会，虽然只写了四句，却也把青年男女的激动写尽了。下半写又一个元宵节，去年幽会的人儿却不来了，无限惆怅。这样的内容，想不到竟出自一个古文运动领头人、一个历史学家、一个官至副国级的人之手，好像弄错了作者。想不到欧阳修这个想象中比较古板的人，竟有如此旺烈的青春之火燃烧于胸。

欧阳修自称“六一居士”。哪“六一”呢？一张琴、一局棋、一壶酒、一千卷金石佚文、一万卷藏书和一个老翁。看来他有相似于他的学生苏轼的豁达和诙谐。但在词的创作中，他仿佛是另外一个人似的，有着情感丰富的内心，那种青春勃勃令人惊异。

庭院深深深几许？杨柳堆烟，帘幕无重数。
玉勒雕鞍游冶处，楼高不见章台路。
雨横风狂三月暮，门掩黄昏，无计留春住。
泪眼问花花不语，乱红飞过秋千去。

——《蝶恋花·庭院深深深几许》

这一首词是描写一位幽居深院的少妇的感情世界的。“无重数”的帘幕把她与春光隔开，虽然住在高楼，虽然院里停着配有玉勒雕鞍的车马，但是接近不了欢乐的地方（章台路是汉代一条可以游冶的街）。雨横风狂，春天将要过去，春光无法留住。“泪眼问花花不语，乱红飞过秋千去。”《古今词论》评道：“因花而有泪，此一层意也；因泪而问花，此一层意也；花儿不语，此又一层意也；不但不语且又乱落，飞过秋千，此一层意也。人愈伤心，花愈恼人，语愈成而意愈深，又绝无刻画费力之迹。”描写一层深于一层。欧阳修把深闺少妇见春天花开，却幽闭孤独，又见春光远去，寂寞苦闷的心绪写得入骨三分。欧阳修这位“醉翁”，把该少妇的孤独灵魂捉摸得如此细腻、曲折、层层深入，令人叹为观止。

词到欧阳修手里，不再停留于晚唐五代艳语丽辞的表层了，这是突破。

2019年3月16日

苏轼与酒

历史上，与酒结下不解之缘的诗人文士很多，苏轼是其中的一个，而且是突出的一个。

“身后名轻，但觉一杯之重。”在他看来，功名利禄不如一杯酒的分量。苏轼一生坎坷，仕途艰难，贬了又贬，足迹达至半个中国。直到59岁那年，他还被贬到广东惠州。三年后，又被贬去海南。旧时，人寿很短，60岁算是高龄了，但他仍不被朝廷放过。可是，他豁达开阔，大开大合，不在乎人生的苦难。这与他从酒那里取得胆识、性情不无关系。“酒醒还醉醉还醒，一笑人间今古。”他在《行香子·述怀》词中又写道：“浮名浮利，虚苦劳神。”“几时归去，作个闲人，对一张琴，一壶酒，一溪云。”

苏轼的许多名篇，都是酒后之作。“明月几时有，把酒问青天”如此；《前赤壁赋》《后赤壁赋》等亦如此。他的作品多少借了酒的灵气，流传千古。

他在惠州，为当地酒取过很多名字：家酿酒叫“万家春”，糯米酒叫“罗浮春”，龙眼酒叫“桂酒”（龙眼又名桂圆故也），荔枝酒叫“紫罗衣酒”（荔枝壳为紫红色）……他也自酿酒浆，招人同饮。他写道：“余家近酿，名‘万家春’，盖岭南万户酒也。”这酒是“雪花浮动万家春”，好像是上面飘有酒糟的糯米酒。他搜集民间的酒方，埋在罗浮山一座桥下，说将来有缘者，喝了此酒能够升仙。他赞惠州酒好，写信给家乡四川眉山的陆继忠道士，邀他到惠州同饮同乐，说往返跋涉千里也是值得的，说饮了此地的酒，不但补血健体，还能飘飘欲仙。陆道士果真到惠州找他。酒的力量之大、酒的浓香之烈，由此可见。

苏轼喜欢同村野之人同饮，他与百姓相处得十分融洽。他写道：“杖履所及，鸡犬皆相识。”“人无贤愚，皆得其欢心。”在他心里，“酒”的面前，人人平等，无分贵贱。

他住处近旁，有个卖酒的老婆子，叫“林婆”。“年丰米贱，林婆之酒可赊”，他和林婆关系很好，常去赊酒。

同饮者，有各色人等。他在《白鹤峰所遇》一文中写道：“邓道士忽叩门，时已三鼓，家人尽寝，月色如霜。其后有伟人，衣桄榔叶，手携斗酒，丰神英发，如吕洞宾者，曰：‘子尝真一酒乎？’就坐，各饮数杯，击节高歌……”半夜来客竟是陌生的道士。他下乡时，一位83岁的老翁拦住他，求与同饮，欣欣然。西新桥建后，“父老喜云集，箪壶无空携。三日饮不散，杀尽西村鸡”。他不但与文人学士同饮，也与村野父老共杯，欢乐之状溢于言表。他与那些父老融洽得如鱼得水，他没有一点官架子；父老们也不把他当官看，只当同龄兄弟，真情相待。

酒，在这真情中，是桥梁。

苏轼的同僚与下级，“知君清俸难多辍”，常常自携壶杯去找他。

苏轼与酒，难舍难分。

苏轼与百姓亲密无间。

苏轼在海南

苏轼被贬惠州三年多后，宋绍圣四年（1097年）朝廷又把他贬往海南儋耳（今儋州市）。这是雪上加霜、伤口上撒盐的做法。如果说在惠州的日子还轻松一点的话，到当时的海南就是苦难深重的磨炼。他自己也说："某垂老投荒，无复生还之望。""今到海南，首当作棺，次当作墓。"此时，一直跟随他的爱妾朝云已葬在惠州西湖，只有幼子苏过跟随着他。他以60岁的老病之躯登上贬程，心情是十分苍凉的。好在他一生坎坷，心胸豁达，不至于排遣不开。

苏轼四月十九日离惠州，经博罗到广州的扶胥（今东圃，波罗古庙就在那里），再经鹤山、开平、新兴，沿西江上溯到梧州。他绕道梧州是想见见胞弟的。可是，两天前，苏辙被贬去雷州，离此去了藤州。他赶到藤州，兄弟总算见了面。难兄难弟，倍增凄惶。人生总有起伏，但连遭打击，实在也是命运作对，人力无法回天。兄弟同行到了徐闻，苏辙折回雷州，苏轼则渡海在澄迈的通潮驿登陆，七月二日到儋州州城（今儋州市中和镇）。

海南，唐宋时曾是贬臣们的敬畏之地，蛮荒瘴疠，毒雾蛇草，实为畏途。唐李德裕被贬到琼山后写道："独上高楼望帝京，鸟飞犹是半年程。"单说路途就十分遥远。结果他死于任所，后代也流落在那里。

苏轼到底是苏轼，他不悲观，他挑战命运，他不但不厌恶海南，他反而热爱海南。他写道：

我本儋耳人，寄生西蜀州。

——《别海南黎民表》

……海南万古真吾乡。

——《吾谪海南子由雷州被命即行了不相知至梧乃闻其尚在藤也旦夕当追及作此诗示之》

九死南荒吾不恨，兹游奇绝冠平生。

——《六月二十日夜渡海》

这种态度在唐宋贬臣中也显得独特。这种态度，使得当今经过几十年政治运动磨炼的知识分子产生共鸣和感到亲切。如果心胸狭窄、认死理，那是无法生存的。

苏轼是被贬到儋耳昌化军安置的，尽管他曾做过翰林学士、礼部尚书之类的大官，此时他却不得签署公事，完全无权无势。他在惠州时，深入平头百姓之中，和老翁对饮，向老妪赊酒，完全没有官架子，到了海南更是如此。

对于在世人眼中“半人禽”的黎胞，他却平等地看待。在地头向七旬老婆婆学民歌，他写诗曰：“蛮唱与黎歌，余音犹杳杳。”他开堂讲学，学生中就有黎人，其中与他交往很多的黎子云就是黎人。他说：“咨尔汉黎，均是一民。”他没有民族偏见，在他看来“汉黎”均是一样的民众，是平等的。在900多年前，这种观念不能不说是先进的、高尚的。

他又写道“东行策杖寻黎老”，寻他们做什么呢？“请益问奇”，不耻于向住在森林里的、洞穴中的黎胞学习。黎胞对他也好，一位黎老送他吉贝布①，他写诗说：“遗我吉贝布，海风今岁寒。”

苏轼和他的儿子苏过在海南的生活十分艰难。他们本来住在官舍里，那官舍也不是好房子，是破屋，外面下雨，里面要一夕三迁。即使如此，也住不长。1098年4月，一个朝廷的官，路过雷州，专门派人到海南，将他们父子逐出官舍。他没处安身，在城南污池桄榔林中，买了小块地，由汉黎百姓帮他筑一陋室安顿。

“华堂玉食之念不存于胸中。”哪里还有“华堂玉食”？“尽卖酒器，以供衣食。”生活竭蹶，连平时用的酒壶酒杯都卖光了，以至他一再想弄点地自己种植，自食其力。他入乡随俗，当地人是无所不吃的，鼠、蝙蝠、蛤蟆、蛇、蚁、络纬（纺织娘）等都吃，他也要跟着吃。他

① 黎族手织的带彩条的布。

人生虽坎坷，但几时吃过这些东西？我相信，儋耳近海，海产丰富，米面果蔬也有，如果有钱，都可以买到的。可是“尽卖酒器，以供衣食”的他，一住又是几年，他也无法不接受当地农民的“再教育”。

土人顿顿食薯芋，荐以熏鼠烧蝙蝠，
旧闻蜜唧尝呕吐，稍近虾蟆缘习俗。

——《闻子由瘦》

真是置之死地而后生。“缘习俗”也是环境使然的。这一点，经历过“下放劳动”“五七干校”等考验的知识分子都会有同感的。

元符三年（1100年）正月，宋徽宗上台，四月苏轼被赦回。他和儿子苏过，大约是由琼山登舟过海的。他在海南共三年时间，留下400余首诗篇，他是中国诗歌史上把海南的风土人情大量写入诗中的第一人。

建中靖国元年（1101年）正月，苏轼翻越五岭北归。七月二十八日，途中，苏轼病故于江苏常州，年64岁。他的生命已在贬所消耗得过多了。

2004年7月6日

辑五

再读《钗头凤》

卓文君和司马相如的故事、陆游和唐琬的故事、唐伯虎和秋香的故事，是我国三大文人爱情故事，不但写在书上，还演绎在舞台上。其中《钗头凤》以真人真事，以哀怨悱恻的情调震动了万千人。很多人读过陆游的《钗头凤》词和唐琬的《钗头凤》词，莫不为其惋惜、伤心。有人说，莎士比亚的作品就那么些本，可是研究莎翁及其作品的文章几个屋子都堆不下。《钗头凤》就几十个字，谈论它的文章，恐怕千万倍于原作。该说的都有人说了，“再读”也不会有更新的发现。

陆游20多岁时与其表妹结为夫妻，情深意笃，伉俪和睦。但是陆母不喜欢这个儿媳妇，逼令陆游与唐琬各奔东西。在封建礼教盛行的时候，母命不可违，陆、唐离了婚。陆游31岁那年，在一次春游绍兴著名的沈园时，两人又见了面。此时唐琬已改嫁了同城宗室之后赵士程，陆游也另娶了王氏。这次偶遇，造成了悲剧之后的又一场悲剧，唐琬不久后死了，陆游在几十年后的垂老之年，仍不忘这次相见。问世间情为何物，直触及生离死别的心灵最深处。

这次沈园相见，陆游写了《钗头凤》词。陆游一生写了9000多首诗，但只写过100多首词，这100多首词中《钗头凤·红酥手》尤为著名：

红酥手，黄滕酒，满城春色宫墙柳。
东风恶，欢情薄。一怀愁绪，几年离索。
错、错、错！
春如旧，人空瘦，泪痕红浥鲛绡透。
桃花落，闲池阁。山盟虽在，锦书难托。
莫、莫、莫！

有人解释，开头三句是写陆唐在一起时的幸福生活的，从“东风恶”开始才转入写悲剧。是吗？有人有不同解释，认为陆唐偶遇时，唐琬还手捧黄滕酒，敬过陆游一杯。说开头三句是讲未离婚前的美好生活，有些牵强，也说明不了问题。“满城春色宫墙柳”明明是说春天里的沈园，围墙屹立，柳丝飘绿，是指他们相遇时的情景。“红酥手，黄滕酒”是指唐琬抑制不了激动，上前向陆游敬了一杯。

沈园是绍兴一景，现在仍在，它不是公园，是私家园林。江南有许多私家园林，苏州最多，扬州、绍兴等地也有。面积不一定有公园那么大，但其中园柳幽径、绕湖水榭、石山花树都布置得很精致。这些私家园林并不向公众开放，但对亲朋或地方名流是会开放的。园主人可能会有宴请，或者在亭榭中，或者在草坪上，凡有石桌石凳处皆可以野宴。

陆游见到久别后的唐琬，内心十分激动。在他眼中，“红酥手”、眼睛红红的以至映得眼泪有点发红的前妻，仍是娇美的，只是“春如旧，人空瘦”，令他牵挂。曾经的“山盟虽在”，如今是“锦书难托”，不禁悲从心来，怅然久之。他在沈园墙上留下这首《钗头凤》。唐琬大约是事后读到前夫的词，也悲愤地写下一首《钗头凤》。为什么说她是看到陆游词后才写的呢？因为二词格式相同：

世情薄，人情恶，雨送黄昏花易落。
晓风干，泪痕残。欲笺心事，独语斜阑。
难、难、难！
人成各，今非昨，病魂常似秋千索。
角声寒，夜阑珊。怕人寻问，咽泪装欢。
瞒、瞒、瞒！

陆唐的悲剧与《孔雀东南飞》所写悲剧相似。刘兰芝“鸡鸣入机织，夜夜不得息。三日断五匹，大人故嫌迟”。婆婆把她当奴隶，且不满意，才休了她。唐琬显然与之不同，陆母不满唐琬的原因恐怕是她的性格。唐琬是好人家女儿，又多才能，她能写很高水平的词。想必她在家里养成了任性的、敢说敢为的性格。她敢在后夫陪同下给陆游送黄縢酒，说明她绝非懦弱之人。正因为她这种并不符合礼教要求的性格，陆母才不喜欢她。而陆母是她相当亲的亲戚，居然下了这么断然的决定。

唐琬究竟不是没有自我的人，她有倔强的品格，她不能过分地折弯自己。“欲笺心事”，无处落笔，“怕人寻问，咽泪装欢”不是她的本性。“病魂常似秋千索”，她不久就去世了。

性格决定命运，一代悲情，千古流泪。

长寿的陆游，当耄耋之年路过通向沈园的那座石桥的时候，仍念念不忘地写道：“伤心桥下春波绿，曾是惊鸿照影来。”至死不渝的爱情！它一直在宣示着反对封建礼教！

2019年4月2日

诗歌的传承和出新

文艺是代代薪火相传的。比如宋词在中国文学史上是别具特色的体裁，发展到辉煌的程度。但词这种东西起源于晚唐五代，大多言情言爱，以前诗歌是拒绝这些内容的。词传到宋代，文人们眼界大开，承认了这个传统。而连当时的文坛领袖欧阳修写词，也被认为是“浮艳之词”。到了苏东坡、辛弃疾的年代，词大大出新，成为最有生命力的体裁之一。

从诗意的提炼上，也可看到诗歌的传承和出新。

陆游的《游山西村》：“莫笑农家腊酒浑，丰年留客足鸡豚。山重水复疑无路，柳暗花明又一村……”“山重水复”这两句，是非常有名的、富含哲理意味的金句，被后世千百次地引用、引申。而历史的确证明了这是一条真理，事情到了看起来是尽头的地方，往往会有一次大转变，峰回路转，大放光明。

这样的金句，似乎也有前人创造的积淀在内。专家也提供了资料：

王安石：“江北秋阴一半开，晚云含雨却低回。青山

缭绕疑无路，忽见千帆隐映来。”（《江上》）

王维：“遥爱云木秀，初疑路不同。安知清流转，偶与前山通。”（《蓝田山石门精舍》）

柳宗元：“舟行若穷，忽又无际。”（《袁家渴记》）

强彦文：“远山初见疑无路，曲径徐行渐有村。”（《句》）

杨万里：“溪回谷转愁无路，忽有梅花一两枝。”（《晚归遇雨》）

这些诗都有初疑无路、后又通达的表述，但是都没有陆游诗句那么明快、表现生动、文字精美。这些诗句不容易引起别人注意，唯陆游诗句真善美俱备。

还可以举例，叶绍翁《游园不值》：“应怜屐齿印苍苔，小扣柴扉久不开。春色满园关不住，一枝红杏出墙来。”这首诗也是历代传诵的。后面两句也可说是写景，其实深含的意思说不尽。好诗句，真是千年难遇，明白易懂，又朗朗上口，又含蓄深入。

同样，在它之前也有类似的诗句出现过：

张良臣：“谁家池馆静萧萧，斜倚朱门不敢敲。一段好春藏不住，粉墙斜露杏花梢。”（《偶题》）

陆游：“平桥小陌雨初收，淡日穿云翠霭浮。杨柳不遮春色断，一枝红杏出墙头。”（《马上作》）

王安石：“金陵陈迹老莓苔，南北游人自往来。最忆春风石城坞，家家桃杏过墙开。”（《金陵》）

唐代诗人吴融也写道：“一枝红艳出墙头，墙外行人正独愁。”“独照影时临水畔，最含情处出墙头。”

叶绍翁也许看过上面的这些诗句，也许并没有看过。文化是一种积淀，许多人在堆高，到一定的时候，真正的好诗就破土而出了。说不上谁抄了谁，但是有相互推动作用。你进一点我进一点，最终会集大成地出现好诗。这是传承又出新的过程。中国是诗国，有几千年传承，从《诗经》《离骚》开始，经过魏、晋，到了唐宋必然会出现大诗人、好作品。中国的诗歌土壤是分外厚实的。

2019年1月3日

辛弃疾的《清平乐·村居》

辛弃疾不仅是一位伟大的词人，还是一位刚毅爱国的伟大战士。

辛弃疾可不是文弱书生，他年轻时组织了2000余人马，在济南南部山区抗金，后参加耿京的农民起义军，任“掌书记”。他奉命南渡建康（今南京）与南宋军队联络。归途中忽闻叛徒张安国杀了耿京，投奔金国去了。他率一小队人马直扑金营，擒了正在寻欢作乐的张安国，将张押到建康斩首。从济南到建康，要穿越半个山东和半个江苏，还要渡过长江，但辛弃疾凭他的血性智勇完成了此项壮举。他到南宋后，历任江西、湖南、湖北的安抚使，他打击贪官、救济灾民，颇有政绩。他的抗金安国方略不被采纳，还遭谗罢官。十年后他被起用，三年后又遭谗罢官。从此他闲居家中，不复出仕。他67岁去世，一生写了600多首词。他的“武”名闻天下，他的“文”也名闻天下。

辛弃疾与苏轼并称“苏辛”，是宋词中豪放派的领头人物。他们的词不再囿于身边琐杂或儿女私情：苏轼上探月宫下临长江，还有“竹杖芒鞋轻胜马，谁怕？一蓑烟雨任平生”的放达；辛弃疾则有“楚天千里清秋，水随天去秋无际”“渡江天马南来，几人真是经纶手”“射虎山横一骑，裂石响惊弦”“想当年，金戈铁马，气吞万里如虎”“醉里挑灯看剑，梦回吹角连营”……他比苏轼更多了捍国抗金的内容。他是真正的山东汉子。

他的600多首词，也不是全都壮怀激烈，许多描写日常生活的词，也写得十分清闲、十分可爱，令人百读不厌。

茅檐低小，溪上青青草。
醉里吴音相媚好，白发谁家翁媪？
大儿锄豆溪东，中儿正织鸡笼。
最喜小儿亡赖[1]，溪头卧剥莲蓬。

——《清平乐·村居》

这个平静安宁的农家乐画面，如果放到舞台上，布景寥寥，只有低矮的茅屋，还有“溪上青青草”，青青草哪里没有呢？其次是依次介绍了白发的、讲着吴侬软语的一对老人，还有大儿、中儿、小儿。应该说此种近乎流水账般的记叙，不容易出彩，但是，它却是一首实实在在的好词。

这是一个农村小景，一个生活的横切面，这里是生活

① 亡赖，即无赖，可爱的意思。

比较贫困的所在，但一家子其乐融融，安宁，和谐。这正是人们期望的和平生活。这样的农村小景，宋词里不多，但在宋诗中很多，范成大、杨万里、陆游都写过不少。这些小世界的一角里，暂时与大范围里的战争不幸、官吏横行、税卒吆喝、地主催租、地保可憎隔离开了，有着片刻的安宁。这是十分珍贵的。是了，桃花源里的生活水平也并不高，但自从陶渊明把它创造出来后，人们世代为之痴迷。无数人向往追逐的，不就是有一块安宁之地吗？

南宋有过一段相对的平静。“西湖歌舞几时休”，“直把杭州作汴州”，那是一种假性繁荣，那是活火山旁的生活。1274年元朝的伯颜和由宋降元的张弘范，兵分两路，进攻南宋。顷刻间，烧杀使乡村成废墟，屠城致血洗街巷。难民如潮水南下：一部分进了粤闽的北部深山穷谷，成为新一批客家人的祖先——在此前，历代中原一有战乱，就有灾民南逃，那是老一代的一批一批的客家人；一部分到了南雄珠玑巷，由那里再流浪到广东别处，成为广府人的祖先——珠玑巷与广府人，犹如洪洞县的老槐树与山西人。

后世的人们读着《清平乐·村居》仍感到温馨，仿佛可与其中人物对话，亲切和美，因为它曾是万千人的向往。

2019年3月13日

“国”的意识的抬头

翻开唐诗，特别是前期的诗篇，我被那种豪放的气魄、进取的精神征服了。

“宁为百夫长，胜作一书生”（杨炯）喷涌一种建功立业的抱负；“青海长云暗雪山，孤城遥望玉门关”（王昌龄）、“莫愁前路无知己，天下谁人不识君”（高适）讲的都是戍边的事情；“醉卧沙场君莫笑，古来征战几人回”（王翰）说的是男儿的血性……开边、征战、奋斗，人们为的是功名。那时还很少有人讲到为了国家的利益，国家观念在那时还是淡薄的。

到了宋诗，调子变得细腻，视野变得窄小，但是有一类诗却深刻、深沉、深入，那就是关于国家命运的诗，这在历朝历代的诗歌中也是突出的。宋代崇文轻武，经济、文化发展到了历史高点，但是兵备很弱。从北宋到南宋的300多年间，没有打过一场像样的御外的胜仗，土地的边界一再收缩，割地赔款一直是一条屈辱的捆绑的绳子。民间要求保卫国土的情绪高涨，诗人更是痛心疾首地要求抗争，对国将不国的状况，发出了最激愤、最深刻的呼声。

郑所南是画家，也能写诗。他画的兰花都是露根的，人问为什么，他说："你不知道吗？土地都叫金人占了去了。"元灭南宋后，他在诗中写道："终身只宋民。"王迈在自己作品里敢替百姓讲话，被宋理宗骂为"狂人"。他说："生为奇男子，先办许国身。"他在诗里大呼："中原岂天上，尺土不能归？"他的思想里有着"保国""爱国"的观念，国家重于个人。

历史上战乱不断，不少是打着保卫"皇权""皇土"的名义。宋代长期受少数民族侵犯、挤压，国难深重，"山外青山楼外楼，西湖歌舞几时休？暖风熏得游人醉，直把杭州作汴州"（林升《题临安邸》），统治者们依然醉生梦死，并大杀大贬抗金的能臣。于是人们保卫"皇权""皇土"的狭窄的意识，提升为保卫这片土地及土地上生活的百姓的新认知。"国"的观念超然而出，得到了质的飞跃。岳飞背上刺的是"精忠报国"。陆游高呼："呜呼！楚虽三户能亡秦，岂有堂堂中国空无人！"（《金错刀行》）他做梦都在为国出征，"尚思为国戍轮台"，"铁马冰河入梦来"（《十一月四日风雨大作》），直到临死，还在以最悲愤、最无法安然的心情示儿："王师北定中原日，家祭无忘靠乃翁。"

范成大在出使金国至开封时，写州桥的父老"忍泪失声询使者，'几时真有六军来'"。诗人虚构这一情节表达收复失地的愿望。

杨万里的《初入淮河》："船离洪泽岸头沙，人到淮河意不佳。何必桑乾方是远，中流以北即天涯！”哀叹宋朝国土的缩小。

宋诗中的爱国情怀是一道壮丽的风景线。

宋诗中的“国”的意识，已经超越了只为“皇权”“皇土”而战的认识。文天祥死难时，南宋早已“山河破碎风飘絮，身世浮沉雨打萍”。他的不屈显然不为已不存在的“皇帝”“皇土”，他是为天地“正气”，为万千的破碎家庭而忠贞就义。

2018年12月30日

范成大的田园诗

诗歌发展到唐代，出现了极盛的“盛唐精神”“盛唐气派”“盛唐风格”“盛唐品位”，人们形容唐诗“雄浑高华”“堂皇典丽”。唐诗的体量确实大，诗人确实多，题材确实广，有惊世骇俗的山川、仙境，有穷边极塞的战争、搏斗，有情深意浓的惜别、思念，有明丽淡远的田园、村舍，有风雷怒吼的血性、勇气……无所不有，无所不包。唐诗的包容、博大、多彩使得后世诗人感叹，唐人把什么都写完了。宋诗要继续在诗歌大道上前进，必须改变审美情趣、改变风格视角、改变叙述方式。宋诗也这样做了。

唐诗是珠穆朗玛峰，宋诗也应是希夏邦马峰。宋诗从唐诗的豪壮转变得纤巧，从外张转变得内敛，从热烈转变得素雅，从大度转变得现实。唐诗盛乎情，宋诗崇尚理，品味性格已有不同。宋诗善于在现实生活的平静处、细微处发现诗意。宋诗细心地梳理着生活的每个角落，原来生活中处处有诗矿。

宋诗中也有激昂慷慨、爱国爱民的诗人，如陆游、辛弃疾，他们的诗词较为豪迈直露，而范成大的诗词则较为含蓄深隐。范成大久居家乡江苏苏州，他把农村、农民生活的点点滴滴表现得巨细无遗。他把农村、农民的主题，抬高到自己表达的重要地位，这非常难得。比如《大风》：

飓母从来海若家，青天白地忽飞沙。
烦将残暑驱除尽，只莫颠狂损稻花。

此诗爱民心思十分精细，从大风就联想到别伤了稻花。他的《四时田园杂兴》，更是以组诗形式，以60首的组阵，描绘了农村各式各样的景致，有欢乐，有交困，有风俗，有小景，有艰难，等等，粗看起来往往是些小事、琐事，但是经他巧手拎起，倒也十分有情趣、有兴味，真实地反映了当时农民生活的方方面面，1000年前的江南农民很具体地站在了我们面前。

从范成大这些小诗，我们看到了宋诗善于捕捉有兴味、有情趣的"小零件"，这在唐诗中是很少见的。要叫唐代诗人来蹲在生活中之一隅，以四时田园为题，潮涌一样作出60首诗，也很难办到。王维在辋川，着眼于山岚流泉、树鸟虫草，旁观式地写了不少好的田园诗，但都不能将自己作为农村一分子真切体会农民的情感。范成大的可贵之处在于，他就像当地一老农，以农民的视角观察一切现象。

土膏欲动雨频催，万草千花一饷开。
舍后荒畦犹绿秀，邻家鞭笋过墙来。

——《春日田园杂兴十二绝·其二》

骑吹东来里巷喧，行春车马闹如烟。

系牛莫碍门前路，移系门西碌碡[1]边。

——《春日田园杂兴十二绝·其六》

吉日初开种稻包，南山雷动雨连宵。

今年不欠秧田水，新涨看看拍小桥。

——《春日田园杂兴十二绝·其十一》

这三首七绝都是写农村春天发生的事。绝句只有四句，往往前面铺垫，第四句才是诗眼，将全诗诗意托出。这三首诗着力点都在最后。

第一首写春天来到，春雨频频，草花齐发，就连后园荒畦上的邻家的竹鞭笋也伸过墙来了。竹笋过墙在农村是最平常不过、最不为人们重视的事了。但诗人在这一小事上却发现了诗意。他也不用写邻里之间如何和善通好，不用写人们之间如何交往，通过竹笋过墙就把事情都说明白了，并写出了平凡中的情趣。

第二首写地方官春天下乡巡视劝耕，车马如烟，为之路塞，有人家却把牛拴在家门口挡路了。赶紧把牛拴到门西的碌碡那边去吧！这叫什么事，不就是将牛改拴到门西去嘛，不要挡路了！这么一点事也写成一首诗，而且很有

① 碌碡，农村碾场工具。

兴味！诗人的观察不可谓不细致敏锐。

第三首是写雷声隆隆，春雨丰沛，看来年成不错，春水已经涨得快要漫平小桥桥面了。那种秋收有望的喜悦之情，油然而生。此情此景多么亲和而熟识，多么贴近农民心坎。

昼出耘田夜绩麻，村庄儿女各当家。
童孙未解供耕织，也傍桑阴学种瓜。

——《夏日田园杂兴十二绝·其七》

新筑场泥镜面平，家家打稻趁霜晴。
笑歌声里轻雷动，一夜连枷响到明。

——《秋日田园杂兴十二绝·其八》

放船开看雪山晴，风定奇寒晚更凝。
坐听一篙珠玉碎，不知湖面已成冰。

——《冬日田园杂兴十二绝·其六》

这三首是写夏秋冬三季的，诗人也都抓住了平平常常的“芝麻绿豆”，展开而成美诗。

“昼出耘田夜绩麻”一首，向来负有盛名，表现了勤劳质朴的农民影响着下一代。这一画面生动地表示了农民的淳厚，是他们在推动着历史的发展，代代相传。

“一夜连枷响到明”是秋收的场景，也是农民最期盼的时刻，那笑声如轻雷滚动，那连枷声，声声相连。只着重写一写这连枷声，也就听到了农村收获时的兴奋。

最后一首，写了天寒地冻，一夜封河，船行湖面一路破冰如碎珠玉。其实这本身没有多少内涵。这首诗所以还能独立成篇，只是因为让人感受到初破湖冰那种新鲜感而已。新鲜感本身也是一种诗意。

范成大能在平常细事中发掘出诗情诗趣来，一是在于他对农村真正热爱，二是在于他对农村的细枝末节太熟悉了。

《四时田园杂兴》是否不接触当时农村的痛苦、压迫、负担呢？也不是，其中也有不少反映了社会矛盾。

采菱辛苦废犁锄，血指流丹鬼质枯。
无力买田聊种水，近来湖面亦收租。
——《夏日田园杂兴十二绝·其十一》

种不起田而“种水”，在水中养殖菱藕之类的作物，但是官家对“种水”也要收租了。宋代税重，因为要养冗兵、冗吏，要养花天酒地的统治集团，还要向金人纳贡“买和平”，所以人们负担极重。

垂成穑事苦艰难，忌雨嫌风更怯寒。
笺诉天公休掠剩，半偿私债半输官。
——《秋日田园杂兴十二绝·其五》

百姓们都要向天公上诉了，风风雨雨暑暑寒寒历尽辛苦，不要收走最后剩下的一点收成了吧，已经是一半偿了债一半给了官，百姓如何生活啊！

租船满载候开仓，粒粒如珠白似霜。

不惜两钟输一斛，尚赢糠核饱儿郎。

——《秋日田园杂兴十二绝·其九》

秋收之后，官仓收粮，白珠般的粮食都被收走了，剩给百姓的只有糠核，剥削惊人。

黄纸蠲[①]租白纸催，皂衣旁午下乡来。

长官头脑冬烘甚，乞汝青钱买酒回。

——《冬日田园杂兴十二绝·其十》

农民已不堪租税重负。中午催租的皂吏来了，说："我们的长官头脑冬烘，不给我们打点，我们乞求你们打赏点酒钱吧！"除了正经的租税，皂吏还来刮地皮。

农村一方面诗情画意，柳暗花明，百姓也有欢声笑语；一方面在政府的盘剥下百姓日子很苦，备受欺凌。

2019年5月27日

① 蠲，音 juān，免除的意思。

严蕊的申诉

朱熹是封建礼教的推动者。鲁迅曾斥责封建礼教“吃人”。那些“三从四德”之类的行为准则，残害世代万千妇女，罪恶深重。朱熹还是个阴险的人物，他为了打击他的政敌，以“有伤风化”罪名，找突破口，把与对方有点关系的严蕊抓了起来，投进监狱，严刑拷打，逼她承认“有伤风化”。结果碰到钉子，这个弱女子坚强得很，就是不认罪。这事弄得很有名。要是朱熹不走，新官不来，严蕊很可能瘐死狱中。

严蕊，浙江天台人，是一名营妓（军营中的妓女），琴棋书画冠绝一时。宋代“官妓”“营妓”等很普遍，都是一些遭遇家庭变故、穷困潦倒的幼年女孩，卖身于高级人贩子，养育习艺，长大后又以高价被卖给一些机构，充当妓女。这些人与一般妓女似而不同，或许有点像日本的歌舞伎，或许也有点像后世的接待公关。因此，不少诗人在唱和诗的题目中都敢于公然标明“携妓”参加了什么活动，而不以为意。当年程朱礼教已很盛行，要不，朱熹以“有伤风化”的罪名陷害政敌也难以成功。

朱熹一走，新官岳霖上任。有才有艺的严蕊写了一首词呈给岳霖为自己申诉。岳霖明白其冤情，帮其出狱、脱籍，让她重回自由的天地。

不是爱风尘，似被前缘误。
花落花开自有时，总赖东君主。
去也终须去，住也如何住！
若得山花插满头，莫问奴归处。

——严蕊《卜算子·不是爱风尘》

我严蕊不是爱什么风尘生活，我是前世命中注定要受苦受难，我是被迫的。我落难了，我获救全靠你清官明察。我向往自由自在的日子，一定要脱离这苦海。若能够山花插满头，不用问我去了哪里，我要奔向新的生活。

这词充满希望，充满期待，终于得到了善果。一位沦落风尘的弱女子，也变得有名了。

2019年4月2日

诗的根是生活

杨万里的诗有自己的独特诗风，在宋诗中是很突出的。他号“诚斋”，所以他的诗叫“诚斋体”。他的诗的特点是新鲜、活泼，有时还很幽默，所以读的人也跟着感到轻松，时时有新的兴奋点。

他起初学江西诗派，晚年认识到江西诗派的毛病，才自辟新路。他在诗集自序中说，“余少作有千余篇”，“皆焚之”。他忽然要转折改道，领悟新路，是因为他“步后园，登古城，采撷杞菊，攀翻花竹，万象毕来，献予诗材，盖麾之不去，前者未雠[1]，后者已迫，涣然未觉作诗之难也”。在书斋里冥思苦想，也能学到一点作诗的技艺，但要写出真正的诗来，还是要到大自然中，到社会生活中摸爬滚打，去体验，去磨炼。从此他作诗不再感到难了。这恐怕是普遍的规律，古今同理。虽然有人会说他作诗作得容易，不免不够深刻，且多以自然景物为题材，但也不能以一个模式套所有诗人。

他的《小池》：“小荷才露尖尖角，早有蜻蜓立上

① 雠，音 chóu，此处通“酬”，指回报。

头。”这在屋子里是想象不出来的，唯有到生活中去观察才能发现这个景象。而且它虽写景，恰也涵盖了人们应当于细微观察中发现新生事物的道理，意义就不一般了。这样的诗，许多选本竟不采用。

他的《晓出净慈寺送林子方》：“毕竟西湖六月中，风光不与四时同。接天莲叶无穷碧，映日荷花别样红。”大自然就在眼前，诗句不用雕琢，现成而来，写出了壮美，写出了胸怀。但是，许多选本也不录此诗。可见，选家也应当具有审美眼力才行。

他的《悯农》写农村饥荒，粮食不够，“已分忍饥度残岁，更堪岁里闰添长”，饥饿使人感到日子太长难过，偏偏又摊上闰月，使忍饥日子更加长。这种想象非常独特，因而更有表现力。

《过宝应县新开湖》写湖天一色，他的观察和表现，也很别致：“天上云烟压水来，湖中波浪打云回。中间不是平林树，水色天容拆不开。”原本平常一景，有了后面两句就诗味盎然了。读了此诗，人们会想，怎么才能在如此平常的事物中挖出诗味来呢？只能靠诗人去体验自然之美，才能领悟个中况味，好像画家在茫茫一色的水天中间，加几笔烟树疏林，画境就毕现了。

杨万里能在自然景色和社会景象中加上活泼的想象，便赋予了诗意境和生命。

2018年12月29日

写诗的灵气

南宋后期的徐照（字灵晖）、徐玑（号灵渊）、赵师秀（号灵秀）、翁卷（字灵舒），都是浙江永嘉人，字号中又都有个“灵”字，所以被称为“永嘉四灵”。他们大多是布衣，当官也只是芝麻官。他们的诗没有反映重大的社会矛盾，没有深刻的社会题材；他们的诗显得视界窄小，常常停留在风物的浅表上面。因此不为文学史家看重。但是，契诃夫说过“大狗要叫，小狗也要叫”。大牌是大牌的叫法，小牌也有自己的叫法。“永嘉四灵”的作品，就如他们的名字那样，是有一种灵气的。灵气也是诗歌的重要元素之一。这样的诗，联想奇特，文字清新，如夏天的一阵清风，使人感到诗人聪明、作品灵巧。

他们中，翁卷最有灵气。

绿遍山原白满川，子规声里雨如烟。
乡村四月闲人少，才了蚕桑又插田。

——翁卷《乡村四月》

内容平常得很，但也写下了流水一样明快的风景，当繁重的劳作化作了轻松的家常，农村四月天被写出了诱人的美。

一夜满林星月白，亦无云气亦无雷。
平明忽见溪流急，知是他山落雨来。

——翁卷《山雨》

看到山溪水涨，才知道他山下了雨，内容似乎非常简单，却有一种天真意味透露出来。

赵师秀也是一位聪明的诗人。

黄梅时节家家雨，青草池塘处处蛙。
有约不来过夜半，闲敲棋子落灯花。

——赵师秀《约客》

这是一首广为流传的诗，随处能见的场景，喧哗的雨声蛙声，对比着他闲适清静的心境。我们感到了生活脉搏的跳动，那样自然、宁适。

数日秋风欺病夫，尽吹黄叶下庭芜。
林疏放得遥山出，又被云遮一半无。

——赵师秀《数日》

把大自然拟人化，大自然吹落满山黄叶，使得林子疏朗了，原本被密密包裹的遥山，也被“放”了出来，但是云又来了，将山遮去了一半。这自然景色写得生动，像拉洋片一样变幻。

徐玑也是这等风格。

水满田畴稻叶齐，日光穿树晓烟低。
黄莺也爱新凉好，飞过青山影里啼。

——徐玑《新凉》

用黄莺的懂事，来反衬人们的感受。

以上抄录了“四灵”中三人的几首诗，它们反映的题材、风格、思路是相似的，都能在平常生活中看来不起眼的东西里，发现诗情画意，如果不留神，也就轻轻放过了。但用聪明的灵气一点缀，抓住常人不在意的东西，就写成了叫人眼亮的篇章，而且写得那么自然、清闲，不费力气似的。这种功夫是强求不来的，必须全身心投入那个场景里去感受，才会轻松地自然而然地写出诗来。

2019年1月3日

朦胧词人吴文英

大家认为李商隐的诗难解难懂，朦胧晦涩，但是这并不妨碍他成为中晚唐时期最突出的诗人。其实南宋晚期，还有一位朦胧词人吴文英（字梦窗），历代对他也褒贬不一。与他同时期的词人张炎，在《词源》中就曾指出："吴梦窗词如七宝楼台，炫人眼目。碎拆下来，不成片段。"朱自清对现代朦胧诗人李金发也有类似的说法，说李金发的诗一句一句看还看得懂，合在一起就不知道说什么了。

吴文英一生都是布衣，一生过的都是豪门的游客生活。他的词尽管难解难懂、朦胧，但也有人赞他"奇思壮采"。

他的《齐天乐·与冯深居登禹陵》：

三千年事残鸦外，无言倦凭秋树。
逝水移川，高陵变谷，那识当时神禹。
幽云怪雨。翠蓱湿空梁，夜深飞去。
雁起青天，数行书似旧藏处。

寂寥西窗久坐，故人悭会遇，同翦灯语。
积藓残碑，零圭断壁，重拂人间尘土。
霜红罢舞。漫山色青青，雾朝烟暮。
岸锁春船，画旗喧赛鼓。

一开始就说，大禹治水过去很久了，用“三千年事残鸦外”，令人感到别出心裁也有点怪异。“残鸦”是指暮色中远去的乌鸦影子吧！作者无言地疲惫地倚靠秋树，看着这一切。这是倒装句式。接着写道，治水的故事远去了，大地又恢复本来的面目，“逝水移川，高陵变谷”，神禹的功绩何在？再接着用了两个当地人才明白的典故，说的是：禹庙中的一根梁，每晚化成一条龙，到远处和湖里的一条龙斗，早晨回来，满身是水草；眼前大雁飞过，排成字向当年大禹藏书的一座小山飞去。这表示治水真成了远去的神话了。再接着，作者从古跳到今，从大禹的故事跳到与友人剪烛倚窗谈话。从气氛和逻辑联系上看，这都是使人感到突兀的。“积藓残碑，零圭断壁”都是神禹留下的古文物。“重拂人间尘土”是指两人谈话使其沾到人间尘土味了呢，还是神禹故事也只剩下这些“碑”“壁”仍在人间尘土间呢？这就只能叫读者自己去猜测了！再接着“霜红罢舞”，“霜红”指秋天霜打后的红枫，这种用词也比较奇特。紧跟着是“漫山色青青，雾朝烟暮”，到了春天了，于是“岸锁春船，画旗喧赛鼓”，春天，人们祭祀神禹了，热闹了，连“画旗”也

"喧"出声来了。

通篇看来，不知是在颂禹还是在贬禹。跳跃式的思绪令人觉得跟不上，太生僻的典故使人不明白其间含义，这就是构成朦胧、难懂的关键。这是吴文英的代表作，他的确具有了现代朦胧诗歌写作的某些特点。

2019年1月25日

辑六

问世间，情是何物

金朝诗人元好问，有一首《摸鱼儿·雁丘词》。词比较长，全文如下：

问世间，情是何物，直教生死相许？
天南地北双飞客，老翅几回寒暑。
欢乐趣，离别苦，是中更有痴儿女。
君应有语：渺万里层云，千山暮雪，只影向谁去？
横汾路，寂寞当年箫鼓，荒烟依旧平楚。
招魂楚些何嗟及，山鬼暗啼风雨。
天也妒，未信与，莺儿燕子俱黄土。
千秋万古，为留待骚人，狂歌痛饮，来访雁丘处。

问世间，情是何物，直教生死相许？一对大雁天南地北地双飞，历经了多少寒暑。其中有欢乐，有别苦，还有儿女的痴情。而今你走了，万里层云，千山暮雪，教我依傍谁去？当年的汾水道上，箫鼓已息，荆楚大地依旧荒烟处处。招魂教人叹息，山鬼依然暗啼风雨。上天不予怜惜，鸟儿都成黄土。千年万代，为给骚人墨客狂歌痛饮，留下这雁丘堆土。

元好问（1190—1257），山西忻县人。金国诗人，金亡后不愿入仕元朝。他年轻时到并州去考功名，路上遇到一个捕雁者，捕雁者告诉他："今旦获一雁杀之矣，其脱网者悲鸣不能去，竟自投于地而死。"元好问"因买得之，葬于汾水之上，垒石为识，号曰'雁丘'"，并作《雁丘词》。这完全像一个寓言故事。一雁被杀，另一雁不离去并为之殉情。这个故事感动了元好问，他作词开头就问："问世间，情是何物，直教生死相许？"这是一个现代的问题，元好问却在几百年前明白地提出来了。在那个时代，这个问题是经不起提的，因此元好问借雁来说"情"。

"情"是人性中最美的部分，世间反而要鸟儿来教育世人。

古诗词中，也有写真情写得非常动人的。如：

春蚕到死丝方尽，蜡炬成灰泪始干。

——李商隐《无题》

天涯地角有穷时，只有相思无尽处。

——晏殊《玉楼春·春恨》

十年生死两茫茫，不思量，自难忘。

千里孤坟，无处话凄凉。
纵使相逢应不识，尘满面，鬓如霜。
夜来幽梦忽还乡，小轩窗，正梳妆。
相顾无言，惟有泪千行。
料得年年肠断处，明月夜，短松冈。

——苏轼《江城子·乙卯正月二十日夜记梦》

人为情困，人为情苦，永不休止。从古到今，很少有人看透情网。但是，元好问的奇特处在于直截了当地提出“问世间，情是何物”，并将其直接与“生死”相系。人性的真善美与对待“情”的态度相连，与对待“生死”态度相连，这是元好问意识的超前之处。

2019年3月3日

《天净沙·秋思》也有不足

元朝的统治，使中原的经济和文化大大倒退。元代在诗文创作上没有大作家成长，几乎没有好作品出现，唯杂剧和散曲有很大的发展和成就，概因杂剧、散曲作者大都是底层知识分子，他们接近现实生活，了解人民的怨愤和需要。

从整个文学形式发展历程来看，元代被视为一个转折时期。在此之前，历代文学崇尚抒情的诗文，从元代开始盛行有情节、有人物、叙事为主的戏剧小说，一直到明清。这个转折清晰而重要。

杂剧有四大家：关汉卿、王实甫、白朴、马致远。散曲小令属于“俗谣俚曲”，大多来自基层，现在统计到的作者有180多位，其中写得最好的还是上面的“杂剧四大家”。

流传最广的小令是马致远的《天净沙·秋思》：

枯藤老树昏鸦，
小桥流水人家，
古道西风瘦马。

夕阳西下，

断肠人在天涯。

人们认为其是“秋思之祖”。小令虽不能和宋词相比，但篇幅小，语言通俗，在元代很是流行。

马致远的这首小令，历代广为流传，它用一些常见景物，组织成一幅鲜明的秋景图，传达了作者排遣不开的深深的秋思。

我读《天净沙·秋思》除了欣赏它情景交融、有很强的感染力，也发现它的一些不足。

“枯藤老树昏鸦”“古道西风瘦马”是典型的北方深秋的景象。枯了长藤，落了叶子的老树，黄昏时凄叫的乌鸦，吹刮着西北风的、显得寂静的土路，走着疲惫的瘦马——这些都是属于北方秋日苍凉旷野的景物。马致远是大都（今北京）人，他的故居尚存，在北京西南远郊的山丛中。他熟悉北方的东西，随手成章。但他又是元代“江浙行省务官”。元代的“行省”也就是“省”，马致远是省里的官员。在元代，因为民族压迫、民族猜忌，汉人一般来说不可能是达官显宦，马致远不过是一般官员而已。他在江南任职，因此又熟悉江南水乡的景物，随手又在两行具有北方鲜明特色的描写中，来了一句江南随处可见的“小桥流水人家”。这就令人感到不协调，也减弱了残秋的分量。

与他同时代的白朴也有《天净沙》的小令，其中就有：

孤村落日残霞，
轻烟老树寒鸦，
一点飞鸿影下。
青山绿水，
白草红叶黄花。

白朴在另两首小令中又写道“竹篱茅舍，淡烟衰草孤村”“小桥流水飞红”，可见“孤村”“老树”“寒鸦”等用词已不复新鲜。至于“小桥流水人家”，也是常见的用语了。

2018年12月21日

张可久的两支散曲

若问元代谁创作的散曲数量多，当推张可久，他一生写了850首散曲。明代李开先把他和另一位写散曲写得多的乔吉并称为散曲界的李杜，说明了他们的翘楚地位。

张可久，浙江鄞县（今宁波市鄞州区）人，在元代做过小官，不得志，辞官而去，漂泊江湖，专心致志写散曲，成为元代后期重要作家。他的作品当然不能与李杜比肩，不过“江山代有才人出”，他代表着自己的时代。

绝顶峰，攒雪剑，悬崖水，挂冰帘。
倚树哀猿弄云尖。
血华啼杜宇，阴洞吼飞廉，
比人心，山未险。

——《红绣鞋·天台瀑布寺》

与李白写庐山瀑布不同，张歌写天台山瀑布，写的是冬景。山峰尖削，天气寒冷，好像聚集着一把把寒光闪闪的剑。悬崖上挂着冰帘子，云端上有猴子在啼叫。杜鹃鸟在哀鸣着，仿佛嘴里叫出了血花，山的阴洞里风神飞廉在怒吼。作家没有多写瀑布本身，只写了瀑布的环境：高寒，险峻，目的是为最后一句铺垫。“比人心，山未险”，亮出了作者要说的，山尽管高寒险峻，还不如人心险恶。

元代散曲，很多反映那个社会的问题。游牧民族统治农耕社会，出现许多问题。粗暴、高压、不讲文明、民族欺压、民众苦难，也反映出人心险恶，远比冰瀑恶得多。

这种写法有一定特点，远比只写瀑布本身如何如何深刻。

诗情放，剑气豪，英雄不把穷通较。
江中斩蛟，云间射雕，席上挥毫。
他得志笑闲人，他失脚闲人笑。

——《庆东原·次马致远先辈韵》

这曲子写得豪爽干脆。诗、剑走天下，英雄汉是不计较穷（困）通（达）的，那只是一时的处境。晋代周处在宜兴桥下斩蛟除害，北齐斛律光随世宗狩猎射落过大雕，欧阳修词云“文章太守，挥毫万字，一饮千钟”，都反映了英雄们的豪放气度。在那个社会里，你得志了你笑闲人，你失脚了闲人笑你。这种调侃说明了社会风气如此。这种“穷”“通”的变化，很现实，也很深刻。

2019年4月5日

维吾尔族作家

古诗词中少数民族作家是很少的，因此我读到元曲作家薛昂夫的作品时很是兴奋。

薛昂夫，新疆人，维吾尔族，汉姓马，叫马九皋。他的祖辈父辈就在元朝做官。他在元统年间做过太平路总管，后又任衢州路总管，晚年隐居杭州。他出过《九皋诗集》，擅长写散曲。《南曲正宫正始序》说他“词句潇洒，自命千古一人”。又有评论说，“薛昂夫之词如雪窗翠竹”，意谓清新脱俗！他汉名马九皋，于是有人将他与马致远（戏剧大家）合称“二马”。因为他久居中原，受中原文化浸润极深，他又和当时文人交往极多，所以上面的评论也是有根据的。不过从现在的观点看，评价似乎过高了一点。

下面看看他的作品吧！

醉归来，袖春风下马笑盈腮，

笙歌接到朱帘外。夜宴重开。

十年前一秀才，黄齑菜，打熬到文章伯。

施展出江湖气概，抖擞出风月情怀。

——《双调·殿前欢》

元曲的特点是平白易懂，没有多少深奥的东西。此曲也如此。醉酒归来，满袖春风一脸笑，迎他的是另一场夜宴。十年前不过是吃腌菜的穷秀才，十年后成了被人尊敬的文章伯。展现了江湖气概、风月情怀，有一种无法遮掩的得意。这想必也是诗人真实情感的流露。即使是元代这个读书人被轻视的时代，读书仍是出人头地的一条途径。作者寥寥数语把那种得意写得十分到家。

惊人学业，掀天势业，是英雄成败残杯炙。

鬓堪嗟，雪难遮。晚来览镜中肠热。

问着老夫无话说。

东，沉醉也；西，沉醉也。

——《中吕·山坡羊》

学业有成，宏业有成，但英雄的成败一路上是有过悲辛的，现如今难遮那双鬓已白，晚来照镜中肠发热。自问平生，却无话可说，只能四处沉醉。这也是诗人学业、事业有成，但年岁已大后的感叹。好比攀爬高山，爬到山顶时，只留下夕阳已经西下的感叹，只得一个“东，沉醉也；西，沉醉也”。这种感叹是写得很细腻的。

大江东去，长安西去，为功名走遍天涯路。

厌舟车，喜琴书。早星星鬓影瓜田暮。

心待足时名便足。

高，高处苦；低，低处苦。

——《中吕·山坡羊》

这也是感怀人生的作品。过去曾为功名东奔西走。厌烦舟车劳顿，喜爱琴书娱乐，但是双鬓已苍白，暮年隐居瓜田菜畦。其实只要心里知足，功名也就知足了。高有高的苦处，低有低的苦处。

兴为催租败，欢因送酒来。

酒酣时诗兴依然在。

黄花又开，朱颜未衰，正好忘怀。

管甚有监州？不可无螃蟹！

——《双调·庆东原·西皋亭适兴》

诗兴被催租人打断，用的是宋代谢无逸写信问潘大临有没有新作的故事。潘大临回信说："昨日闻得林风雨声，刚写下'满城风雨近重阳'，忽然催租人到，遂败意。"宋代各州设通判，专门跟知州争权闹别扭。有一个杭州人名叫钱昆，请求派自己去外地做官，别人问他为什么，他说："但得有螃蟹无通判处，可矣！"他爱吃螃蟹。元代官场这种尴尬更多。

上面几首词曲，可以反映薛昂夫大致的经历、思路、人生态度。看来他是个正直但是非常自负的人，是个看透功名利禄的人。

2019年3月7日

愤懑的元曲

元代的统治阶层大多是没有文化的莽将，马上舞刀弄枪可以，但进入中原之后，其统治观念仍是游牧民族落后的那一套。一是制造民族隔阂，分裂社会，鄙薄汉人，不信任汉人为官，把知识分子贬为底层第九类，俗称“臭老九”。二是进军中原时，明令若有抵抗必须屠城，就此血洗过好多地方，用野蛮的屠杀降服汉人。三是用游牧民族的观念统治中原。窝阔台的近侍别迭等贵族就曾上奏：“汉人无补于国，可悉空其人，以为牧地。”幸好未施行，如果真这么实施，汉人将被杀光，中原将成大草原。后因元朝的军费、财政、粮食、衣着、社会的一切财富均来源于中原的农耕社会，如变成大牧场，一切都将落空，所以才没有实行那荒谬而野蛮的主张。四是通货膨胀，狂用货币改革，搜刮民脂民膏，等等。所以元朝统治只维持了90多年。

社会上的弊端，必定也要反映到文艺作品中来。

无名氏创作的《正宫·醉太平》写道：

堂堂大元，奸佞专权。
开河变钞祸根源，惹红巾万千。
官法滥，刑法重，黎民怨。
人吃人，钞买钞，何曾见？
贼做官，官做贼，混愚贤。
哀哉可怜！

简直是一篇控诉的檄文。可能因为元朝官吏没有多少文化，还不懂得“文字狱”，所以此曲能面世。

“开河”讲的是元顺帝至正十一年（1351年）派工部尚书贾鲁治黄河，征民工15万、戍卒2万。因为连年天灾，民不聊生，激起了元末农民起义，刘福通的“红巾军”风起云涌。“变钞”是元朝皇帝多次滥发纸币，新旧币变钞混乱，引起通货膨胀，物价飞涨，激发社会矛盾。

这首曲子平白如话，原因是散曲作者都是基层民众或民众中的底层文人，内容反映的又是他们身边的生活，所以用的是群众口语。所写内容是基层民众的苦楚，没有躲躲闪闪。元代散曲小令的风格与唐诗宋词是不同的，它吐露的愤怒也是没有掩饰的。其愤怒之情如同一团烈焰，骂个痛快！这种敢写敢骂，也可算是中国诗歌的一个传统！

2019年2月26日

巾帼英豪的血性

中华历史上有过不少巾帼英豪，远的有商代的妇好，之后有花木兰、穆桂英、樊梨花、梁红玉（南宋抗金女将）、秦良玉等。秦良玉，四川忠州（今重庆市忠县）人，石砫宣抚使马千乘的妻子，马死后她代行其职，所部号“白杆兵”。天启年间她曾率部北上抵御后金，崇祯时又入京师助战。四川到北京，风尘数千里，翻越千水万山，路途遥遥，实为壮举。因此明思宗——也就是吊死在煤山上的那位皇帝崇祯——专门为她写了颂诗。历史上能写诗的皇帝也有好几个，唐太宗李世民、李后主李煜、宋徽宗赵佶、乾隆皇帝都写，其中李煜是天才，乾隆写得最多，有几万首，但量高质低。崇祯的诗也只是平平。

崇祯《赠秦良玉》：

蜀锦征袍手制成，桃花马上请长缨。
世间不少奇男子，谁为沙场万里行？

——其一

凭将箕帚扫虏胡，一派欢声动地呼。

试看他年麟阁上，丹青先画美人图。

——其二

秦良玉是四川人，穿的是蜀锦制成的战袍，跨桃花马，长驱数千里，虽奇男子也不及。“任将箕帚扫匈奴”，这里的“匈奴”是指后金。在一派动地呼声中，秦良玉英姿勃发，不但形象挺拔，英豪的精神也显示了出来。

在诗史上，显示女性的血性的，不仅是武将军，也有文小姐。

一向写作“这次第，怎一个‘愁’字了得”“新来瘦，非干病酒，不是悲秋”“帘卷西风，人比黄花瘦”的李清照，在国破家亡之时，竟写出了如此壮烈的诗句：

生当作人杰，死亦为鬼雄。

至今思项羽，不肯过江东！

——《绝句》

李清照在南逃途中，写出了女豪杰的心胸。

宋朝入侵蜀中小国时，蜀后主孟昶决定竖起白旗投降，城内整整14万大军不曾打过一仗，便脱下胄甲，放下武器。蜀后主与花蕊夫人都成了宋太祖的俘虏。花蕊夫人愤愤地写道：

君王城上竖降旗，妾在深宫哪得知？
十四万人齐解甲，宁无一个是男儿！

——花蕊夫人《述国亡诗》

一个弱女子同样写出了血性诗篇，凸显了巾帼英姿。这样的血性，威武不屈，勇于抗争。一代女侠秋瑾也写过感天动地的诗篇：

不惜千金买宝刀，貂裘换酒也堪豪。
一腔热血勤珍重，洒去犹能化碧涛。

——《对酒》

她年仅31岁，就为革命献身。

2019年3月8日

读几首明代七绝

唐诗和宋诗（包括宋词）是诗歌中的两座高峰，无可比肩。元诗的诗人少，量小质平，只是元曲是一个新门类，它通俗、顺畅的风格，有别于传统的诗词，它是那些失意的文人、基层知识分子，贴近百姓生活、正视百姓需求创作出来的。清代诗人数量很多，创作也很多。清诗虽比不上唐诗宋诗，但是它的题材内容很是丰富，有对民族入侵、暴政的控诉，有对外寇欺凌的愤怒，有对新世纪曙光的欢呼，有慷慨激昂视死如归的革命血性，等等。诗人们在自己的诗篇里蕴含了大量的社会内容或折射了时代的精神。说起明诗，我以为以质以量论，都是要差一点的。大多数诗当然是发自诗人内心的，但止于较小范围，少见包含较大生活内容的力作。整体如此，可是明诗总还有些有新意的作品，举出来和大家探讨。

朝见浮云飞出山，暮见浮云飞入山。
浮云自是无心物，郎既有心胡不还。

——龚诩《竹枝歌》

野鸭喽喽一双飞，飞到侬池不肯归。
莫共鸳鸯斗毛羽，鸳鸯情性世间稀。

——王廷相《巴人竹枝歌》

江上帆樯乱不齐，烟波望望妾心迷。
何如化作江东水，郎若东时侬不西。

——杨本仁《巴人竹枝歌》

这三首都是“竹枝词”。“竹枝词”我们都熟悉了，唐诗人刘禹锡就写过很多“竹枝词”。那是一种根据四川东部民歌改作的新诗体，歌咏三峡风光及男女恋情。此后各代“竹枝词”创作很多，形式也都是七言绝句，通俗，轻快，常常能以奇特的联想产生奇特的效果，如刘禹锡的“东边日出西边雨，道是无晴却有晴”。再看上面第一首用“无心”的浮云都朝朝暮暮按时入山出山，以责备“有心”的郎君为何不如浮云，深含怨尤。这种对比很有新意。第二首也是以物喻人，鸳鸯是世间从一而终的水鸟，那些野鸭子也想学样，学得了吗？这并无多少深意，但是朴素的感情真实可见。第三首借写江东水，表白“郎若东时侬不西”，依恋之情毕现。“竹枝词”因承袭了民歌传统，比喻、构思新奇，表达的内容明快而又含蓄，很招人喜爱。

莫向隋宫问六朝，璚[1]枝玉蕊已烟消。
只今惟有湖边柳，犹对春风学舞腰。

——王廷相《芜城歌》

前有南朝宋鲍照作《芜城赋》，写的是扬州受到北魏南侵、竟陵王刘诞叛乱的两次破坏，由“歌吹沸天”的全盛，变为“直视千里外，唯见起黄埃”的衰败，是谓“芜城”。王廷相这首《芜城歌》是怀古作品，“只今惟有湖边柳，犹对春风学舞腰”，形象新奇，给人以耳目一新之感。历来，有名的繁华城市，多经受过多次战火破坏，常叫人悲叹不已。此诗传达了这种感受。

白龙堆上草千秋，玄菟城南雨乱流。
少妇不知边塞苦，时时飞梦到凉州。

——谈迁《边词》

连天杀气压黄云，鬼哭啾啾叵耐闻。
日暮乱鸦争白骨，不知谁是故将军。

——陈鸣鹤《古战场》

碧玉堂前柳絮飞，白狼河外信音稀。
征夫不及营巢燕，岁岁春风一度归。

——李实《春闺曲》

① 璚，同“琼”，赤色的玉。

这三首七绝都有边塞战事的内容。

谈迁（1594—1658）是明清之际的史学家，著有《国榷》一书。此书完成后，全稿被窃，他又以百倍的毅力重写了这部史书。《国榷》是记载明代历史的编年体史书，清代没有刊印过，只有手抄本。想不到这位老爷子在诗歌创作方面也颇具功力。《边词》是闺怨的内容。白龙堆是今罗布泊与玉门关之间的一片沙漠，因沙丘形似蜿曲龙形得名。诗人借少妇的天真，叙述边关战事的连年不断，丈夫戍守，因而少妇时时梦去凉州，哪里知道边关的艰难困苦。少妇的天真反衬了战争的残酷。

历代写边塞、写战场、写搏杀的诗很多，但陈鸣鹤的《古战场》从另一角度来写战斗——看来当年战斗惨烈，以至于将军战死都抛尸荒野，以后再也无人理会，诗人问道：这是谁呢？为谁而死的呢？“日暮乱鸦争白骨”，说明不是为国而战、不是为人民而战、不是为正义而战，真是轻如鸿毛，毫不值得。

李实的《春闺曲》也是以前许多诗人写过的题材：丈夫在边地作战，媳妇在家中苦苦思念。“白狼河外信音稀”，“征夫不及营巢燕”，是“征夫”的冷漠吗？不是！是统治者的驱使，造成人间许多悲剧。这首诗的感染力并不十分强烈，只是家人无奈的思念、责备而已！

2019年4月15日

辑七

吴敬梓的人生

吴敬梓（1701—1754），安徽全椒人。他的小说《儒林外史》是古典讽刺小说的范本，深刻地反映了封建社会末世的许多奇怪现象和腐败黑暗，反映了多种类型的士人利欲熏心的丑恶嘴脸和虚伪，反映了科举制度的没落可悲。对这些可恶现象，作品举起了批判讽刺的刀子，进行解剖。中国文学史上，讽刺作品是不多的，因此它引起了人们的关注。鲁迅论及《儒林外史》时说："秉持公心，指摘时弊，机锋所向，尤在士林，其文又戚而能谐，婉而多讽。"胡适也是安徽人，他对这位同乡有很高评价："我们安徽的第一个大文豪，不是方苞，不是刘大櫆，也不是姚鼐，是全椒县的吴敬梓。"方苞，桐城派创始人，刘大櫆、姚鼐都是桐城派主要作家，他们都是桐城人。

吴敬梓的一生是风风雨雨、颠沛曲折的。13岁丧母，23岁父殁，因为他家人丁孤单，族人公然抢夺了他的祖传遗产。他一无功名，二无谋生技艺，三无立锥之地。他面对人生茫茫然，决定出走，去社会上闯荡一番。

他写下了这首《小桥旅夜》：

客路今宵始，茅檐梦不成。
蟾光云外落，萤火水边明。
早岁艰危集，穷途涕泪横。
苍茫去乡国，无事不伤情。

这是他浪迹江湖的开始，住在小旅店的茅草房里，看月光暗去，萤火闪闪。所有的艰难困苦向他袭来，他只有泪眼面对。离开家乡，无比伤心。

《儒林外史》写范进中举的章节，情节动人而人物个性突出，堪称奇绝。《儒林外史》有力地批判了科举制度。科举制度始于隋开皇七年（587年），在当时，还是有积极意义的。门阀制度控制了入仕之途，科举通过考试取仕，给贫寒子弟开拓了一条道路。唐代有考治国对策的，有时还以诗入仕。宋代有考画的，考上了入画苑。而清代考八股文，由主考官从古籍中摘取一句话，要考生破题、起、承、转、合，作一篇八股文。这毫无意义，作好了八股文就有社会洞察力、治国能力了吗？就有解决社会矛盾、解民于倒悬的能力了吗？就有解决国难国是的能力了吗？否！这种八股文科举，使众多庸才笨才当官，又使许多英才抱憾终身。幸运者进入官场，往往逢迎拍马，贪赃枉法，糊涂官办糊涂事，误国殃民。吴敬梓就终身未被录取。《聊斋志异》作者蒲松龄也终身未入仕，《红楼梦》作者曹雪芹与做官无缘。1905年，维持了千余年的科举制度终于被废除。

吴敬梓晚年贫困潦倒，病死于扬州。早年的两句诗似乎预示了他的一生：“苍茫去乡国”，“穷途涕泪横”。

2019年3月22日

数字入诗

数字入诗在诗歌创作中是很普遍的现象。汉语文字经过几千年的锤炼、演绎，变得精美、精致、精细，任何难以表达的东西都能用其顺畅地表达。这是我们悠长文化的突出贡献。用简单的数字，有时能表达非常深厚的内容，传达非常丰富的情愫。

“洛阳亲友如相问，一片冰心在玉壶。”王昌龄在镇江芙蓉楼送辛渐时，托他转告在洛阳的亲朋好友，说自己仍然是冰清玉洁、光明清廉，犹如玉壶里的一片冰心。万言千语只用一个短句传达完了。“一片冰心在玉壶”成为很得人心的名句。

袁枚说过：“凡作诗，写景易，言情难。”单一地写景容易，但言情也要通过写景来表达，做到情景交融，所以难度就大了。

闻道梅花坼晓风，雪堆遍满四山中。
何方可化身千亿，一树梅花一放翁。

——陆游《梅花绝句》

梅花以它的高洁品质为世人景仰，78岁的陆放翁特别爱梅花。这么大年纪了，居然仍有天真的、童话般的想象，想象自己化身千亿，一棵梅花底下站上一个放翁，他将自己与梅花同格调的高洁品质也都表示了出来。还有比这更高明的表达方式吗？

化身千亿的构思，唐代诗人柳宗元也用过的，他写道：

海畔尖山似剑铓，秋来处处割愁肠。

若为化得身千亿，散上峰头望故乡。

——《与浩初上人同看山寄京华亲故》

这种希望化得千亿个化身，站上千亿个尖山之巅，怀望故乡，感情的炽热、渴望，表达到了顶点。

“忽如一夜春风来，千树万树梨花开”（岑参《白雪歌送武判官归京》），这是非常形象地描写西北寒天大雪景象的；“山中一夜雨，树杪百重泉”（王维《送梓州李使君》），这是形容山中大雨的；“东风夜放花千树”（辛弃疾《青玉案·元夕》），是写元夕灯火的。它们都呈现了极致境界，都是后人无法超越的写景诗词。

“满斟绿醑留君住，莫匆匆归去；三分春色二分愁，更一分风雨”（叶清臣《贺圣朝·留别》），“花自飘零水自流，一种相思，两处闲愁”（李清照《一剪梅·红藕香残玉簟秋》），都是借景写情的，都用了数字表示愁绪和思念的深度和强度。春色、愁绪、风雨都能打分的吗？三分春色里，有二分愁绪，已属极为愁苦的心境了，还要再加一分风雨，愁苦心境更迈进一层。这种加码写法，是一层一层地增加深度、强度的。李清照的“一种相思，两处闲愁”更是为人称道的名句。她和丈夫分居两地，一种相思被拆分了。两地“闲愁”的本是同一种相思，说明了相思的主体的亲密关系。

“稻花香里说丰年，听取蛙声一片。七八个星天外，两三点雨山前。”（辛弃疾《西江月·夜行黄沙道中》）在丰收的半夜里，半雨半阴的天气、月隐星朗的夜色，写得那么自然清闲，流露出一种悠然自得的神情、没有负担的轻松、无忧无虑的闲适。诗人在数雨点和星星时的心境，全由几个数字表达出来了。“七八个星天外，两三点雨山前。”别小看这两句带数字的词句，它把全篇点化得活起来了，具有欣欣的生命力了。

一折青山一扇屏，一湾碧水一条琴。
无声诗与有声画，须在桐庐江上寻。

——刘嗣绾《自钱塘至桐庐舟中杂诗》

一连串的数字，一连串的美景，把钱塘到桐庐的山水写成了人间诗画。诗人并未实写具体的山、水、树、云，而由四个“一”囊括了所见所闻以及由此延伸的无限想象。

一卷离骚一卷经，十年心事十年灯。
芭蕉叶上几秋声。
欲哭不成还强笑，讳愁无奈学忘情。
误人犹是说聪明。

——吴藻《浣溪沙·一卷离骚一卷经》

吴藻，清代女词人，浙江人。30岁后命运多舛，皈依佛门。作者十年面对《离骚》、佛经、青灯，回忆十年经历只能是“欲哭不成还强笑”，回避说“愁”，只能把心事忘掉。沉痛到麻木，凄凉到无奈，把人生苦味寄托于虚无。这几个“一”发挥了极大作用。

2019年3月24日

清诗三首韵味多

清诗体量大，不时翻阅就能读到很有韵味的诗。

碧纱窗下启缄封，尺纸从头彻尾空。
应是仙郎怀别恨，忆人全在不言中。

——郭晖远妻《寄夫》

袁枚在《随园诗话》中记载，郭晖远在外写信给妻子，而此人是马大哈，竟将一张白纸寄了回来。妻子收拆后，以为丈夫别有用意，回信说：我在碧纱窗下拆看你的来信，竟是从头彻尾不著一字的白纸。我懂得了你的用意，你是满怀离别之恨，忆念我的相思之情全在不言之中。真是歪打正着，成为美谈。而这首诗写得极有诗味，在“不言”上发挥了想象，此时无声胜有声，“不言”比满纸文字来得更加有力。要不是这位妻子对丈夫饱含深情、饱含信任，夫妻心心相印，也写不出如此美妙的诗篇来。

登楼对雪懒吟诗，闲倚栏杆有所思。

莫怪世人容易老，青山也有白头时。

——骆绮兰《对雪》

这也是一首别有所思的诗，把世人常见的平常景象联系到感叹人生易老上去，发表的感叹又是人人懂得的浅白道理，因而有了新鲜感。青山都有白发苍苍的时候，何况乎世人！

催人出门鸡乱啼，送人离别水东西。
挽水西流想无法，从今不养五更鸡。

——黄遵宪《山歌》

黄遵宪，广东梅州人，历任清廷驻外使节。他的诗歌主张是“我手写我口”，要求表现“古人未有之物、未辟之境”。梅州是山歌之乡，因此他承继家乡诗风，写得比较通俗，上面的《山歌》就是代表。山歌的特点是，往往有出奇制胜的想象和创新。这《山歌》是说：清早，公鸡乱啼，催丈夫出门。妻子看着丈夫乘船向东而去，恨自己无力叫水倒向西流，转而怨恨公鸡的催人啼叫，于是发愿以后不再养五更鸡。只要五更鸡不叫，丈夫就不会与她离别了。这是一种痴情的想法，但写出了动人的韵味。

有韵味的诗，有超常的想象力、表现力，读了能启发读者的心智，提高美的感受。诗的篇幅可能小，但给人感受的空间可能大，能让人回味。

2019年5月1日

读《枉凝眉》《红豆词》

中国四大古典名著，就数《红楼梦》里的诗词多，使它更具有文学气质、更具有美学价值。它的那些诗词，都是和故事发展、人物描写联系在一起的。有些像《枉凝眉》，已经家喻户晓了。这使人觉得《红楼梦》里的诗词，在古诗词中仿佛离我们更近，更容易为我们所理解。曹雪芹不仅在小说创作方面的成就了得，在诗词创作方面的成就也非常了得。我选了《枉凝眉》和《红豆词》两首，表达一下自己的看法。

一个是阆苑仙葩，一个是美玉无瑕。
若是没奇缘，今生偏又遇着他；
若说有奇缘，如何心事终虚化？
一个枉自嗟呀，一个空劳牵挂。
一个是水中月，一个是镜中花。
想眼中能有多少泪珠儿，怎经得秋流到冬尽，春流到夏！

——曹雪芹《枉凝眉》

神仙花园里的仙花指林黛玉，完美无瑕的玉指贾宝玉，本是佳配，但有缘相见无缘相聚。这种一喜一悲、一收一放、一时希望满满一时绝望至极的对比式写法，已使读者唏嘘了。作者又深入地写道“一个枉自嗟呀，一个空劳牵挂”，都努力了，期盼了，但人算不如天算，结果还是“水中月”“镜中花”，可望不可即。

这里已经指明造成贾林爱情悲剧的原因了，悲愤之情，溢于言表。可是故事中人无力抗拒这天大的怨恨，眼泪禁不住从秋流到冬、从春流到夏。这与李后主的“恰似一江春水向东流”一样，让人遗恨终生。

滴不尽相思泪抛红豆，开不完春柳春花满画楼。
睡不稳纱窗风雨黄昏后，忘不了新愁与旧愁。
咽不下玉粒金莼噎满喉，照不见菱花镜里形容瘦。
展不开的眉头，挨不明的更漏。
呀！恰便似遮不住的青山隐隐，流不断的绿水悠悠。

——曹雪芹《红豆词》

红豆是相思豆，王维有诗云：“红豆生南国，春来发几枝。愿君多采撷，此物最相思。”《红楼梦》里这《红豆词》要比王维诗浓烈、深刻百倍了。十句诗里连续用了十个“不”，这敲击心灵的锤子自始至终没有停止过。因为相思，可以滴不尽血泪、数不完春花春柳；可以睡不好风雨后，忘不了新旧愁；可以吃不下玉粒金莼，频频对着刻着菱花的铜镜看面容日日消瘦；可以终日锁眉，听着报时的更漏；这相思如青山隐隐、绿水悠悠，没有尽头。这是什么样的相思呀！这正如元好问所言，问世间，情是何物，值得以生死相许吗？

读完这两首词，我想起它们已是不受词牌限制的词了，是完全诗化了的词了，它是与五代、晚唐到宋朝大不相同的词了，它已经突变，是向现代诗转化的词了。

你看，它们完全不用典故，在此之前不少诗词因为频繁用典，使人感到晦涩、难懂；可是在这里完全没有典故，它语言流畅、明白，已经口语化。中国几千年的古典诗词，唐宋达到顶峰，之后慢慢低落，到了近代，要求白话化的呼声甚为高涨。曹雪芹似乎早就感知到了时代的演变要求，在自己的创作中尝试这种白话化的实践。他用了大致整齐的句式，押了韵，他挣脱了不少古典诗词的形式桎梏。《枉凝眉》《红豆词》如果作为现代诗词看，也说得过去。因此曹雪芹这种开创性工作，贡献很大。

我们的新诗走了100多年起起伏伏的路程，一直没有定型。诗的形式可以不同，但诗的本质要有“诗味”“诗意”“诗趣”，这是主要的。曹雪芹的探索，不也可以作我们的参照吗？

2019年4月6日

不如著书黄叶村

《红楼梦》的许多谜团，至今还在困扰人们。曹雪芹的身世和生活状态也一直引人探索。好友敦敏、敦诚和曹雪芹交往的诗，给我们打开了几扇门窗。

敦敏，满洲人，曾在锦州做过税务官，又做过右翼宗学总管，著作有《懋斋诗钞》，是位诗人。敦诚，曾任山海关税务官，又在北京做过宗人府笔帖式等官，也有《四松堂集》等著作。兄弟俩在北京结识了曹雪芹，钦佩曹雪芹的才学和气质，与之结成了交往较多的好友。他们之间有探访、有同游、有酬答。两兄弟的许多诗中，正面地写到了曹雪芹。

碧水青山曲径遐，薜萝门巷足烟霞。
寻诗人去留僧壁，卖画钱来付酒家。
燕市狂歌悲遇合，秦淮残梦忆繁华。
新愁旧恨知多少，都付酕醄白眼斜。

——敦敏《赠芹圃》

满径蓬蒿老不华，举家食粥酒常赊。
衡门[1]僻巷愁今雨，废馆颓楼梦旧家。
司业青钱留客醉，步兵白眼向人斜。
何人肯与猪肝食，日望西山餐暮霞。

——敦诚《赠曹雪芹》

这两首诗写于乾隆二十六年（1761年）秋天，敦敏、敦诚兄弟去北京西山探访曹雪芹。据专家考证，曹雪芹当时住在正白旗旗人军营里，在健锐营一带。健锐营是乾隆为训练士卒攀爬城墙陡壁所设，至今碉堡还在，检阅台很壮观，现在还是一处景点。现在的曹雪芹故居是一长排土木结构的房子，虽是平房，但屋舍俨然。不过，敦敏当时看到的是，青山绿水，小径通幽，直达住处，景色虽美，但荒村僻巷，薜萝门墙，蓬蒿满目，说他的住处好，也只是阿Q式的安慰而已。曹雪芹的日子相当困苦，“举家食粥酒常赊”，“卖画钱来付酒家”。生活穷困，可是曹雪芹仍保有儒雅风度，“寻诗人去留僧舍”。北京的寺庙很多，西山也不少，他徜徉在僧舍寻诗。他又能画画，西山烟霞夕照也使他流连忘返。他内心是惆怅的，“秦淮残梦忆繁华”，他回忆过去的日子，常会像战国的荆轲、侠士高渐离那样悲歌厌世。

“新仇旧恨”常使他烦恼，又使他白眼看世界。

① 衡门，以一条横木为门，意为陋居。

乾隆二十二年（1757年），敦诚还有一首《寄怀曹雪芹》的诗，其中写道："劝君莫弹食客铗，劝君莫叩富儿门。残杯冷炙有德色，不如著书黄叶村。"历朝历代那些权贵豪门，都有供养食客。估计有两种：一种是食宿全包，食客犹如家丁一般。孟尝君家的食客冯谖三年未得重用，时时弹铗高唱"长铗归来乎"索要鱼肉。一种是不固定的，权贵豪门出于讲排场、要求文人学者为其捧场的目的，大宴食客。杜甫有诗云"朝扣富儿门，暮随肥马尘"——攀附权贵豪门，为了讨口饭吃或者希冀得到举荐或奖励，李白、杜甫都经历过此种生活。曹雪芹估计也曾为了"残杯冷炙"经历过此种生活，只是经历过几次就不干了，他保持了自尊和儒雅风度，所以敦诚说他"残杯冷炙有德色，不如著书黄叶村"。

浮生着甚苦奔忙，盛席华筵终散场。
悲喜千般同幻渺，古今一梦尽荒唐。
谩言红袖啼痕重，更有情痴抱恨长！
字字看来皆是血，十年辛苦不寻常。

——曹雪芹《甲戌本红楼梦·凡例》

满纸荒唐言，一把辛酸泪。
都云作者痴，谁解其中味。

——曹雪芹《红楼梦·第一回》

《红楼梦》是中国小说史上最伟大的小说。作者是在艰辛中一字一句写出来的，血泪交融！因为有了《红楼梦》，中国文坛在世界上提高了不止一个档次。

2019年3月21日

林则徐在天山

林则徐是中国近代史上大智大勇的英雄人物。作为他品格写照的两句诗“苟利国家生死以，岂因祸福避趋之”（《赴戍登程口占示家人》）至今还是许多干部的座右铭。

道光十八年（1838年），林则徐在湖广总督任内，被委为钦差大臣到广东禁烟。鸦片对我国的危害太大了。别看英帝国缩在西欧一隅，它却是祸害世界的罪恶中心，那时它的殖民地遍布世界，它的烟贩子又把大量鸦片倾销中国。林则徐在两广总督邓廷桢的协助下，很快缴获了237万多斤鸦片，在虎门销毁。第一次用木柴焚烧，烧不干净，一些烟民从残渣里找遗留物。林则徐深入船户，访得彻底销毁鸦片的办法。在虎门海边，他命人挖几个大池子，内置生石灰和鸦片，放海水入坑，顿时气泡翻滚，热气蒸腾，尽毁毒品。

英国政府跳脚，派军舰来华。1840年6月，鸦片战争爆发。当时林则徐在珠江口增设了炮台、大炮，整顿了驻守军队。起初英国军舰败走。后来英军不甘心，又转到浙江镇海，武力威吓，取得了胜利。清廷大怖，为讨好英人，求和投降，又有奸佞陷害，林则徐被解职。中间他曾被调到浙江镇海协防，又调到河南开封治理黄河，1842年2月，腐朽的朝廷贬他去新疆伊犁。

从中原到伊犁何止千里之遥，此时他已57岁。一路车马劳顿，风餐露宿，一路向着边塞大漠，折腾了四个多月。天山横亘5000里，从新疆伸到哈萨克斯坦。天山是美丽的，大好河山也引他怀念起他为之战斗的岭南。他写下了《塞外杂咏》：

天山万笏耸琼瑶，导我西行伴寂寥。
我与山灵相对笑，满头晴雪共难消。

经过如此多的折腾，看透了腐朽朝廷的无能，此时的林则徐并无消沉之气，他秉着“苟利国家生死以，岂因祸福避趋之”的信念，即使世道是污秽的，这天山却是光彩的，令他精神振奋的。天山无数的青松映着雪峰，广阔的草原奔跑着牛羊。他满头白发了，与天山高耸的雪峰相视而笑。打击、寂寥，对他来说又算什么！他的胸怀已如高耸的“琼瑶”一般了。

这首诗有点像李白的《独坐敬亭山》：“相看两不厌，只有敬亭山。”当然，《独坐敬亭山》乃神秀之作也。可是，赵翼《论诗》也说：“李杜诗篇万口传，至今已觉不新鲜。江山代有才人出，各领风骚数百年。”林则徐诗比起李白诗来，内涵丰富太多了，它包括过去的斗争风雨和人生折磨的起伏；它更积极乐观，不是闲得发慌。正因为林的心态如此坚定，他到伊犁后勤勤恳恳办水利、办屯田，没有懈怠。“我”的白发与高山上的积雪一样是无法“消失”了，但“我”仍要笑对生活。

2019年3月18日

左宗棠栽柳

左宗棠是近代史上的民族英雄，他为保卫新疆100多万平方公里领土抬棺出征，为国人景仰。

鸦片战争之后，国难频仍。列强如一群恶狼，紧盯中国。当时清朝廷内部爆发所谓“海防”“塞防”之争。李鸿章认为两方面不能兼顾，主张放弃“塞防”，专事“海防”。左宗棠认为要两“防”兼顾。他说如果在西北自撤藩篱，则“我退寸而寇进尺”。

同治四年（1865年）中亚浩罕汗国的阿古柏在英国、沙俄的积极支持下入侵南疆喀什。同治六年（1867年）“哲德沙尔”开国。同治十年（1871年）沙俄强占了伊犁。新疆军情，燃眉之急。

光绪元年（1875年）五月，左宗棠以63岁高龄被任命为钦差大臣，督办新疆军务。光绪二年（1876年）八月他发起北疆战役，攻克乌鲁木齐，次年四月发动天山战役，攻克吐鲁番，再次年占领和田，恢复伊犁地区以外的全部国土。阿古柏走投无路服毒自杀。之后，左宗棠又发动南疆战役，直驱2000多里，阿古柏余部被全歼。沦陷十余年的天山南北终于重回祖国版图。

新疆地域无边，雪峰长列，草场连绵，天高地广，是人间仙境。平定叛逆势力后，玉宇澄清万里埃。

征战之中，清军后勤补给线十分漫长，而后勤补给畅顺才能保证前方胜利。因而左宗棠命令军队，一边修路，一边沿途广植柳树，有几千里的路就有几千里的树。

平叛后，左宗棠邀杨昌浚到西北旅行，杨昌浚见沿途绿柳成荫，写诗曰：

大将西征尚未还，湖湘子弟满天山。
新栽杨柳三千里，引得春风度玉关。

——《赠左宗棠》

唐代有“羌笛何须怨杨柳，春风不度玉门关”的诗句，至此时杨柳长驱三千里，直到天山前。杨昌浚的诗表面是赞扬杨柳的，实则是赞扬左宗棠的丰功伟绩。为国家立了功的人，人民是永远不会忘的。

2019年3月19日

记取历史

我们阅读一些诗文时，不但领略了作品给我们的艺术感受，还得到了历史的启示。

清军入关，秉承的是野蛮的血洗政策。他们所过之处，留下无穷的灾难。多尔衮围扬州城时，史可法坚守孤城。城破后，多尔衮纵兵在扬州城烧杀抢掠十余日。李白写的“烟花三月下扬州”的扬州，杜牧尽情歌唱过的人间胜景的扬州，成为焦土。入侵者不要人民，不要文化，不要文明，不要千百年积聚的美和繁华，他们只要瓦砾上的胜利。过去江南有谚语云“江阴人一杆枪”，意思是说江阴人如钢枪一般坚强。清军24万人攻城81天，江阴人抵御清军，杀敌万余，终弹尽粮绝。清兵攻入城池后下令屠城，统治者下令：“满城杀尽，然后封刀。”满城尸骨，无人掩埋。有诗为证：

雪胔白骨满疆场，万死孤忠未肯降。
寄语行人休掩鼻，活人不及死人香。

——江阴女子《题城墙》

再说昆山，昆山有5万户人家，抗击侵略者牺牲了4万多人。昆山本是江南富庶之地，被清军血洗十日。归庄《悲昆山》写道："白昼啾啾闻鬼哭，乌鸢蝇蚋争人肉。"浙江嘉兴也经历了惨绝人寰的屠杀，吕留良（此人是文字狱受害者）《乱后过嘉兴》写道："残魂明夜火，老眼湿秋风。黛粉青苔里，亲朋白骨中。"

一场场屠杀，江南惨成地狱。唐代刘禹锡诗云"旧时王谢堂前燕，飞入平常百姓家"，而陈忱《叹燕》里说"休说旧时王与谢，寻常百姓亦无家"，燕子想飞入平常百姓家找个安身之处也无法实现了。魏禧是位抗清志士，他看到千千万万百姓丧命于清军的屠刀之下，悲从中来："歌泣不成天已暮，悲风日夜起江生。"

孔尚任是《桃花扇》作者，他看到清政府统治下的农村，社会凋敝，夕照破屋，不成样子，一遇灾情，无力抵抗，虽在春花盛开的春天，却也见不到人，唯见白骨堆堆。那些屠杀成性的统治者，当然无视百姓疾苦，不顾人们死活。孔尚任写道：

逃亡屋破夕阳斜，社燕归来不见家。
旧日踏青芳草路，纷纷白骨衬飞花。

——《寒食得花字》

清政权制造民族隔阂，又巧立名目，强征赋税，盘剥百姓，搜刮钱财。有一副对联讽刺说："自古未闻粪有税，而今只有屁无捐。”倪瑞璇《闻蛙》写道：

草绿清池水面宽，终朝阁阁叫平安。
无人能脱征徭累，只有青蛙不属官。

清廷对内高压，无所不用其极，又大搞文字狱，以此加强统治。从康熙开始，直到乾隆时为高潮，文字狱层出不穷。有一文人，见门开风入翻动书页，写下两句诗：“清风不识字，何故乱翻书。”统治者认为“清风”隐指清朝，讽刺当局，大开杀戒。

就连剃发，也成了清政权控制汉人的手段，当时有令曰“留头不留发，留发不留头”，一定要汉人模仿满人的剃头习俗。这也是历史笑话。明末清初有位雪庵和尚写诗曰：

闻道头须剃，何人不剃头？
有头皆可剃，无剃不成头。
剃则由他剃，头还是我头。
可怜剃头者，人亦剃其头。

——雪庵《剃头诗》

他用冷嘲热讽嘲弄剃头者，预言剃人头的人，将来必有人剃下他们的头。腐败无能的清政府，对内如虎，对外如鼠，晚期割地赔款成了家常便饭，最后被人“剃了头”。

在一些电视剧中，大赞封建盛世如何如何好的人，大喊什么“向天再借五百年”的人，不知看过这些血泪资料没有，不知秉持的是什么历史观！

2019年3月27日

千载梅岭诗韵长

我觉得最值得岭南人纪念的古文化，要数梅关古道了。

远望五岭，千峰连绵，深壑纵横，云遮雾罩，翠色上天。五岭把岭南岭北隔成两个天地，交通阻断，民风相异。大庾岭的山口，沟通了广东的南雄和江西的大庾，秦时叫横浦关，之后才叫梅岭、梅关，以满山梅花古松著称。过关古道曾是盘曲的樵夫药农之路，巉岩陡壁、老藤枯树、山间流泉、月夜荒坡。当年任嚣、赵佗率领几十万秦卒，有一部分是经过这里的，山石伤了马蹄，山势折磨了挑夫。

直到唐玄宗时，韶州人张九龄（原是河北人，其曾祖到韶州做官，一家人才成了岭南人）目睹交通梗阻，飞鸟难渡，使岭南土著成了蛮夷之族，他奏请玄宗，开凿修整古道。古人也是知道路通财通文化通的道理的。唐开元四年（716年），劈山削岭的庞大工程，只用几个月便完工了。一道长30里的白白亮亮的大路呈现在地球上。张九龄成了大庾岭的"盘古"，为后世景仰。大庾岭像一道大坝，像一条长堤，如今在它中段开了一个口子，双向的潮水浩浩荡荡地你推我搡地奔流了。云彩雨雾也贪方便，在山口涌出涌进。

在宋代，这里已成交通大动脉，岭南的珠宝、香料、铜、盐、大象、孔雀、荔枝、龙眼北运，每天有数千挑夫过关；南下的货物同样巨量，而且还有可观的中原文化的积淀。从西晋战乱到宋元间的逃亡，这条古道一直是逃难者的希望。

我们仰望，岭上的梅花古松有1000年了；我们俯瞰，排列整齐的鹅卵石路面也有1000年了。梅关那座黑苍苍的关隘并不高大，但它有着关门上“岭南第一关”五个大字的担当。如今各路交通发达了，但在人们记忆中已经消失的东西，它都牢记着。它依然热闹，游人代替了挑夫、军旅、流民。古往今来，东西南北，道路是嵌在大地胸脯上的，是刻在人们心扉上的。千百年来，几百名诗人在此留下几千首诗作，梅关应有自己的“诗话”了。

现在我们能查阅到的第一位在梅岭留诗的，是三国时吴国人陆凯。公元242年校尉陆凯随将军聂友率兵三万，渡海征讨儋耳（今海南儋州），后任儋耳太守。他路过梅岭作诗《赠范晔》：

折梅逢驿使，寄与陇头人。
江南无所有，聊赠一枝春。

“聊寄一枝春”是千古名句，梅代表了春天和希望。历代许多以“一枝”或“几枝”梅或其他花卉寄托相思、怀念、美好期望的诗句，很多源出于此。

到了唐代，卢照邻、沈佺期、宋之问、张说、张九龄、王维、高适、刘长卿、杜甫、张祜、李德裕、许浑等都在大庾岭留过诗，少则一首，多则十余首。

沈佺期与宋之问，并称“沈宋”。宋之问有诗云：

度岭方辞国，停轺一望家。
魂随南翥鸟，泪尽北枝花。
山雨初含霁，江云欲变霞。
但令归有日，不敢恨长沙。

——《度大庾岭》

在他看来，过大庾岭是生离死别的事情，愿望是“归有日”。他因罪被唐睿宗贬钦州，后被唐玄宗赐死，“归有日”也成泡影。他这种贬臣流徙式的凄清心绪是后来许多诗人度岭的一个重要主题，他们把过岭看作是到蛮荒野地的厄运。

张九龄是在粤北成长起来的大政治家、大诗人。他的名句“海上生明月，天涯共此时”，至今还活在我们口头上。唐玄宗时，他任宰相，对安禄山早有戒心。开元二十四年（736年），安禄山在对契丹作战中，恃勇冒进，大败而归，按律当斩。张九龄说：“禄山失律丧师，于法不可不诛。臣观其貌有反相，不杀，以为后患。”唐玄宗不听。后安史之乱，唐玄宗逃难四川，途中深悔没有听张九龄之言。其时，张九龄已去世。张九龄的诗和雅清淡，有开创性的风格。他在《自始兴溪夜上赴岭》一诗中写道：

不知于役者，相乐在何年。

他的凿岭修路，是为“于役者”“相乐”，这是他的心声。“于役者”就是劳苦大众，在岭上出大力、流大汗者。他凿通梅岭古道的功绩，为后世颂扬，后人为他建张文献公祠，谒祠也成为后世文人过岭时的诗题之一。

杜甫的《八哀诗·故右仆射相国张公九龄》比较全面地从他“仙鹤下人间”的出生，写到“矫然江海思”的从政，从“波涛良史笔”的才华，写到对“芜绝大庾岭”的开发，凡五十余韵，是一篇大文章。在历代诗篇中，它是很突出的。

张祜曾为南海令，他的《寄迁客》把大庾岭写得很苍凉，但也正气凛然，告诫迁客贪泉莫饮，白日昭昭：

万里南迁客，辛勤岭路遥。
溪行防水弩，野店避山魈。
瘴海须求药，贪泉莫举瓢。
但能坚志义，白日甚昭昭！

曾任礼部尚书同平章事的权德舆，在《岭上逢久别者又别》中写道：

十年曾一别，征旆此相逢。
马首向何处，夕阳千万峰。

无奈之下的开阔，“夕阳千万峰”应是唐诗中的警句，很有气势、胸怀。

在名胜故地，许多作品往往是应景、应酬之作，失之浮泛，但也有可能写出的是与生命相关联、与身世经历契合得非常紧密的作品。这样的作品才有深度，才能传世。在历代众多的梅岭作品中，就有这种现象。

大诗人苏东坡在绍圣元年（1094年）贬惠州，过梅岭，过珠玑巷，抵龙泉寺，他的《过大庾岭》写道：

一念失垢污，身心洞清净。
浩然天地间，惟我独也正。
今日岭上行，身世永相忘。
仙人拊我顶，结发受长生。

诗中充满达观的、豁然开朗的情绪：我不是被贬了吗？但我一身清净，抖去了垢污，天地间我“独也正”。仙人拊着我的头顶，谓我可得长生。

他被贬了，但他精神上是胜利的。

到了惠州，他是“日啖荔枝三百颗，不辞长作岭南人”。

到了海南，在那样竭蹶的生活中，他的诗依然乐观。统治阶层不放过他，一贬再贬三贬，由惠州、儋州、廉州，又到了虔州。七年后，才被赦回，再过梅岭时，他又写了许多首诗，其中《过岭》写道：

七年来往我何堪？又试曹溪①一夕甘。
梦里似曾迁海外，醉中不觉到江南②。
波生濯足鸣空涧，雾绕征衣滴翠岚。
谁遣山鸡忽惊起，半岩花雨落毵毵。

诗里也有些许解脱的高兴，但已没有豪放的锐气了。他的心情，只剩坐看半岩花雨纷纷落下的无奈。七年的苦难磨去了他许多东西。

这些诗绝非随手之作，有着与其生存、经历、生命结合在一起的深刻。细读这些诗，可看到他人生的轨迹。

宋代的许多大家，路过梅岭时留下不少作品，蔚为大观。

王禹偁、杨万里、范成大、辛弃疾、朱熹等，都写过过岭的诗。

陈与义是北宋南宋之际影响很大的诗人，是当时最卓

① 曹溪，在今韶关。
② 江南，指虔州。

越的诗人。他的《度大庾岭》写道：

隔水丛梅疑是雪，近人孤峰欲生云。

写得生动、独到。隔岸梅花像雪一样洁白，孤峰见到他很想亲近他，他写出了人与自然的感情联系。

戴复古是南宋名家，他在梅岭留下七首诗，《题梅岭》写道：

东海边来南海边，长亭三百路三千。
飘零到此成何事？结得梅花一笑缘。

戴复古从浙江天台，从东海边，山高水长到南海边的梅岭，与梅花结成一笑之缘，写得潇洒、超然，构思独特。

文天祥在粤东方饭亭被元兵追捕，由广东押解北上，祥兴二年（1279年）四月二十一日离广州，五月四日出梅岭。五月二日是他44岁生日，他百感交集，万念俱冷，“田园荒吉水，妻子老幽州”，田园荒芜，妻子早被囚在北京。他的《南安军》写道：

梅花南北路，风雨湿征衣。
出岭同谁出？归乡如此归！
山河千古在，城郭一时非。
饥死真吾志，梦中行采薇。

他的家乡就在岭下的江西吉安，过去视归乡为兴奋之举，如今却是这样归乡。他想像伯夷叔齐那样不食周粟，躲进山里，但也只能是梦中之想了。他被囚北京两年后，被杀。

“一代天骄，成吉思汗，只识弯弓射大雕”，元骑兵征服中原后，用野蛮落后的制度统治文化、生产力水平较高的中原，制造民族压迫，阶级矛盾尖锐，社会发展倒退。元统治者轻视知识和知识分子，把人分成几等，所谓：一官二吏，三道四僧，五医六工，七匠八娼，九儒十丐。“臭老九”由此而来。然而，马克思说过：“野蛮的征服者总是被那些所征服者的民族的较高文明所征服，这是一条永恒的规律。”元代亦是如此。

伯颜是元代灭宋的南下主力，一个军棍过梅岭时居然也忽有所感，哼了一首打油诗《度梅岭》：

马首经从梅岭归，王师到处即平夷。
担头不带关南物，只插梅花一两枝。

元骑兵的马本是前挂人头、后戴妇女的，抢掠惯了。此次“担头不带关南物，只插梅花一两枝”，也有了文明味了。

郑康斗，福建人，曾任南雄路始兴县主簿，在当地兴建学校，为地方做出过一些政绩。他的《天柱晴云》写道：

闲云一片护山巅，来往无心碧汉边。
何事不从龙作雨，苍生望得眼空穿。

由此也可看到他的恤民之心。

唐代诗人来鹄也写过一首过岭诗，叫《云》：

千形万象竟还空，映水藏山片复重。
无限旱苗枯欲尽，悠悠闲处作奇峰。

两首诗构思相似。诗人能接触到基层民众，了解他们的痛苦，并表达在诗篇之中。

到了明清两代，为大庾岭梅关留诗的群体庞大起来，不止有专业人士，也有“群众演员”，大多是触景生情或是到此一游式的留题，质量也就欠缺一点。

明代的解缙、汤显祖、戚继光等都有过岭的诗。戚继光是军事家、抗倭名将。他长年在东南沿海抗倭，解决了倭患，后被张居正调到蓟州（渔阳一带），加强战备。张居正死后，他又被南调镇守广东。他的《度梅岭》中的一首写道：

北去南来已白头，逢人莫话旧时愁。
空余庾岭关前月，犹照渔阳塞外秋。

他身在大庾岭，心里还挂念着蓟州。他以国家安危为念，他是不脱战袍的战士。

汤显祖是《牡丹亭》的作者，江西临川人。他的《秋发庾岭》写道：

枫叶沾秋影，凉蝉隐夕晖。
梧云初暗霭，花露欲霏微。
岭色随行棹，江光满客衣。
徘徊今夜月，孤鹊正南飞。

写的是秋末乘船出行的所见所闻，诗写得比较平淡，也没有寄予什么深思。

清代的施闰章、朱彝尊、屈大均、王士祯、袁枚、李调元、宋湘、丘逢甲等名家都有诗作。有人说唐宋诗词已登峰顶，明清已是强弩之末，所以虽出自名家之手，有时也常感魄力不足。

到了人民革命战争年代，因为崇高的信念、坚强的意志，诗歌重新得到了生命。这些诗作读起来铿锵有声，如山如海，常令人感动。即使是咏岭之作，也有其高品位，即血管里流出的是血，水管里流出的是水。

刘伯坚，四川人，红军长征后任赣南军区政治部主任，1935年在战斗中受伤被捕，被囚禁于大庾，后被杀害。他的《狱中月夜》写道：

空负梅关团圆月，囚门深锁窥不得。
夜半皎皎上东墙，反影铁窗皆虚白。

深囚牢笼，看到皎月照铁窗，也能写出诗意。在他看来，敌人虽囚禁了他，但他眼中的敌人不过一片“虚白”，他是蔑视这些禁门、铁网的，他的精神是在月夜飞驰的。

十月重观岭上梅，红花笑雪傲霜开，
梅兰菊竹同时会，羡煞庾山独占魁。

——何香凝《重游大庾岭》

革命人心中的梅岭，是“梅兰菊竹”高尚品质的汇聚之处，是精神的丰碑。这样的表述，还是很新鲜的。

最令人难忘的，是陈毅元帅在赣南油山三年游击战时留下的那些不朽篇章。这里记录其中的部分。

断头今日意如何，创业艰难百战多。
此去泉台招旧部，旌旗十万斩阎罗。

南国烽烟正十年，此头须向国门悬。
后死诸君多努力，捷报飞来当纸钱。

投身革命即为家，血雨腥风应有涯。
取义成仁今日事，人间遍种自由花。

——《梅岭三章》

恶风暴雨住无家，日日野营转战车。
冷食充肠消永昼，禁声扪虱对山花。
微石终能填血海，大军遥祝渡金沙。
长夜无灯凝望眼，包胥心事发初华。

——《野营》（一九三六年春）

这些诗都明白如话，意义深远，是梅关诗史上的高峰之作。《野营》写到战士们“冷食充肠”、对花扪虱，还时刻记挂长征大军已经渡过金沙江，这是他们舍生取义、坚定不移的内心。革命精神透纸香，万代吟咏意气刚。

代跋　读诗，就是在寻觅诗意

新诗和旧体诗

新诗发展至今有100年历史了，经过漫长岁月的锤炼、磨洗、打造，本应成熟，但是没有。100年历史的新诗好像仍没有定型。

新诗在历史上是立了功的，它正视人生、反抗旧社会、憧憬新世纪。当时许多人写过新诗，陈独秀、李大钊、鲁迅都写过新诗。之后的郭沫若、刘半农、徐志摩、闻一多、蒋光慈等等，更把新诗推向高处。当时新诗还是受到广泛欢迎的，它如火燃烧着，把旧体诗挤到一个角落里去了。

但从五四时期新诗诞生之时起，新诗就受到诟病：结构松散，语言粗浅，缺少含蓄，等等。有些人模仿外国翻译诗歌，如李金发，其诗更是语言西化、朦胧难懂。新诗所存在的问题也引起争论。徐志摩主张用中文来创造外国诗的格律，装进外国诗的格律；刘半农主张“破坏旧韵重造新韵”；闻一多主张新诗要有新格律，要有音乐的美、绘画的美、建筑的美，音乐的美指章节，绘画的美指辞藻，建筑的美指章句，他的影响很大。此种争论100年来没有断过。新诗发展最好的阶段是20世纪的五六十年代，创作蓬勃，作品丰富，诗人辈出，影响巨大。新诗的发展又有了民歌形式的加入。改革开放后，诗坛上出现过众多流派、主张，尽管也有人说形势大好，不是小好，但是终究与人民群众的欣赏习惯渐行渐远，新诗也从“大众的”变为“小众的”。一向被挤在角落里的旧体诗，乘机兴盛起来，有了燎原之势。据说如今写旧体诗的诗人比写新诗的多，读者也更广泛。三十年河东，三十年河西，变化还在演绎着。这真要使100年前的新诗鼓吹者大跌眼镜了。

诗的语言

我觉得，新诗也好，旧体诗也好，既然是“诗”，就要有诗的特征、内涵、因素。诗的特征是什么呢？诗意！什么叫诗意，这也是一个只可意会的题目。

以前，何其芳、艾青等诗人，都曾对“诗意”下过定义，都没有讲得具体，也没有引起什么共鸣。

我们讲“诗情画意”，也就是诗意，确实也没法讲得明白、明确、明了。可是，一首诗人家上手一看，就能分辨得出好或差来、就能感觉到有没有诗味来。没有诗味的诗，味同嚼蜡，没有回味，太粗太浅，没有智慧，这样的诗虽然是诗的形式但并没有诗的实在。因此，我们在生活中得到了感触、得到了灵感，首先要思考写不写得出浓厚的诗味来。

什么是诗情、诗意、诗味，虽然我们不能用简单的定义来说明，但我们是可以从成功的新诗或旧体诗中，仔细地领会出它的因素和构成来的。

真善美是诗的灵魂。诗是情、理织成的。《文心雕龙·情采》中说“情者文之经，辞者理之纬”，这是说文章（包括诗歌）的经是感情、思想，纬是表达感情思想的文辞文采。好比一匹布，有经有纬，缺一不可。

诗歌一定要重视语言的凝练、美丽、隽秀、独特、有表现力。“言之无文，行而不远”（《左传·襄公二十五年》），诗的语言没有光彩，好比没有腿，走路也走不远。古人很重视语言的锻造、推敲，有“炼句”“炼字”的传统，“两句三年得，一吟双泪流”。

中国文字是极具表现力的，使用起来变化万千。杜甫的“香稻啄余鹦鹉粒，碧梧栖老凤凰枝”，实在意思是“鹦鹉啄余香稻粒，凤凰栖老碧梧枝”，但如果真这么写，那就没有诗味了。杜甫当年可能琢磨来琢磨去，将它颠倒了，才成了诗的语言。“窗含西岭千秋雪，门泊东吴万里船”，14个字写出了宏大的场景和胸襟。许多好诗中，都有“警句”，即使人眼睛为之一亮、精神为之一振的好诗句。

不但古诗中有好诗句，新诗中也有。如阮章竞的《漳河水》，写漳河沿岸风光：

漳河水，九十九道湾，
层层树，重重山，
层层绿树重重雾，
重重高山云断路。

清晨天，云霞红红艳，
艳艳红天掉在河里面。
漳水染成桃花片，
唱一道小曲过漳河沿。

顺口，大致押韵；清丽，把那个地方写得美丽如仙境。

再如陆棨的《新战友》：

杨柳村中随意走，
家家是朋友！
请吃饭，喊喝酒，
留客的手儿上下招，
恰如满村风卷柳，
一步一停到村头，
柳下又伸来一双手。

写得自然、生动、有民族风，写一位曾在村里工作过的同志重返时的景象，感情深挚。

又如公刘的《西盟的早晨》：

我推开窗子，
一朵云飞进来——
带着深谷底层的寒气，
带着难以捉摸的旭日的光彩。

在哨兵的枪刺上，
凝结着昨夜的白霜，
军号以激昂的高音，
指挥着群山每天最初的合唱……

这是纯正的新诗了，既无旧体诗的风韵，也无民歌体的雕刻，纯然是通常语言的结晶。但是这首诗前一句就让我们认识了云南边境的、战士的心境，写得细腻又壮美。因此，新诗的这种语言也是能出好诗的，只要诗人们精心制作、精心创造。

下面为节省篇幅，随手多引古诗为例。如：

接天莲叶无穷碧，映日荷花别样红。
——杨万里《晓出净慈寺送林子方》

萧萧远树疏林外，一半秋山带夕阳。
——寇准《书河上亭壁》

一水护田将绿绕，两山排闼送青来。

——王安石《书湖阴先生壁》

菰蒲深处疑无地，忽有人家笑语声。

——秦观《秋日》

都只两句，就把描写对象写得新鲜出类、情景浓郁，富于诗情、诗意、诗趣。作者的“情”在诗里与被描写的“景”结合在一起，叫作“情景交融”。诗如果没有好诗句、好语言，也就没有了诗的生命。在各类文体中，语言都很重要，小说没有生动的叙述语言以及人物各具特色的语言，行吗？影视话剧、台词没有人物性格化的对白，行吗？当然不行！但是对于诗歌，语言更重要，没有诗情画意的语言，那诗根本没法站立起来。诗人们灯下窗前，苦思冥想，整白了头，就为追求“警句”“妙语”。

有个故事，说一帮秀才聚在一起斗诗，题目是“咏雪”。一位秀才说：“江山一笼统，井台黑窟窿。黑狗身上白，白狗身上肿。”这个故事是在讽刺无聊秀才写诗。唐诗人刘长卿《逢雪宿芙蓉山主人》：“日暮苍山远，天寒白屋贫。柴门闻犬吠，风雪夜归人。”这首写雪的短诗，用自然的语言蕴含了多少内容，几乎是在描写贫瘠山村的一个时代。

以前我们读诗往往认为政治性强的才好，哪怕是干巴巴的口号也好。齐白石晚年说过：“我一辈子画了无数虾鱼虫鸟花花草草，都是很小很轻的东西，没有多大意义，老了我忽然觉得我是在一辈子画‘和平’啊！”说得真好。我们读宋诗宋词特别是南宋的诗词，爱国主义的诗词名篇特别多，爱国诗人词人特别多，以前我们往往十分重视这些。但是，南宋长达150多年，写生活中小情趣的、写田园诗①的也很多，这些诗体验入微、描写入微。过去我们一般认为它们是“小摆设”，不能登大雅之堂。齐白石老先生一语提醒了我们，他们不是在写“小摆设”，而是在写和平。南宋的诗人因为国力孱弱，宋朝向金国称臣纳贡，而爱国主义情怀高涨，这是一个方面。另一方面是南宋偏安，但经济文化发达，人民生活提高，安居乐业，人民又万般珍视这一切，所以反映生活中宁静的、和平的、欢乐的诗词也特别多，而且写得特别有情趣、特别动情、特别有诗味。这是在为“和平”造像。两个方面合在一起，才能全面地理解南宋诗词的面貌。

语言精练神妙对于诗的重要性，是不言而喻的。当然诗的语言要天然，金代诗人元好问论及陶潜诗时说：“一语天然万古新，豪华落尽见真淳。”意思是说要“豪华落尽”，华丽辞藻不好，诗的语言要归于“天然”“真淳”。这也是至理名言。

① 宋代的田园诗与陶潜、王维有不同。陶潜的田园诗纯粹写田园里的自我感觉，而宋代的田园诗普及到了民众层次。

巧思

诗意的构成，巧思是非常重要的因素。诗人在生活中有了冲动、有了体察、有了感悟，就会产生强烈的写作欲望。但是，光有写作冲动，不等于作品的成型，诗人要进一步千回百转、千方百计寻找最好最优的表达方式，把自己的感触艺术地、最好最美地表现出来。这就有一个构思过程。

公元1170年，南宋诗人范成大出使金国，到了北宋旧时首都开封，他看到物是人非的景象当然有强烈感触。他当然也可以写点“汴京啊，我怀念你，看到你沦陷于金人之手的模样我痛苦”之类的内容，但他没有，他写了在州桥之上，父老向他哭诉，问他：“几时真有六军来？”有人考证，在当时条件下，未必真有父老敢这么做。这一情节是范成大虚拟出来的，但却是有真实的感染力、表现力的。

现实生活现象并不等于作品中所要写的，这里面有一个重组、提炼的过程，也就是构思过程。作品要出自生活高于生活，构思中要有强化、要有提高、要有升华，而不是就事说事照样说样。巧思就是智慧地、聪明地、与众不同地进行创造，能最好地表现你想表达的内容。

登山西永济鹳雀楼，古往今来留诗者甚多，唯李益、王之涣、畅当三人的最好，沈括认为王之涣第一。李益、畅当也都写了该楼高插云端，放眼畅怀。比如畅当诗：“迥临飞鸟上，高出世尘间。天势围平野，河流入断山。”王之涣诗也写了这些，最后二句为：“欲穷千里目，更上一层楼。”这就不限于只说楼高，还有了哲理性，对每一个有上进心的人都有鼓励，意义大大不同，因此成了千古名篇。他把构思坐实在“更上一层楼”上，它就比一般的咏楼诗作高了一筹。一般诗作老说楼高在飞鸟之上，远望到远山远河，你写得再高再远，高到天上远到天边，也并没有更深的含义。

小荷才露尖尖角，早有蜻蜓立上头。

——杨万里《小池》

蜻蜓立在荷叶尖角是最聪明的妙笔，试想没有这一句，此诗会流于平淡；有了则画龙点睛般一点，活泼生气立刻出来了。读这首诗，各人或有各人的感受，你可能觉得初生事物一出现必会引起关注，你或许感到蜻蜓的知人识事。总之，这一幅平时不为人注意的清新画幅，一旦为诗人勾勒出来后，立刻有一种朝气扑面而来，说明诗人观察细微，写出了别人时常看到但没有引起感触的东西。因此，写诗要写出别人习以为常的、不当回事的，或者别人想说又说不出来的东西，一旦经诗人写了出来便会引起大家的共鸣。

土膏欲动雨频催，万草千花一饷开。

舍后荒畦犹绿秀，邻家鞭笋过墙来。

——范成大《春日田园杂兴十二绝·其二》

“鞭笋过墙”，生动地、特别地体现了和平环境中的睦邻关系。这种细节往往被人忽视，但对写作者来说细节是作品的底气和脉动。作品没有细节，往往会流于空洞、乏力、贫血；有了细节就会精神焕发。写诗如此，一切文艺作品的创作都如此。一位话剧演员演一个护士捧了刚消毒过的容器，从台上走过去，没有台词，如果一走了之，谁也不会有印象；但她不同，她在走过场时，做了倒手动作，表示容器很烫，是刚煮过的，这就给人留下了印象。细节在作品中作用很大。“鞭笋过墙”的细节不就撑起了流传千载的名篇嘛！

白塔桥边卖地经，长亭短驿甚分明。
如何只说临安路，不较中原有几程。

——无名氏《题壁》

偶伴孤云宿岭东，四山欲雪地炉红。
何人一纸防秋疏，却与山窗障北风。

——林景熙《山窗新糊有故朝封事稿阅之有感》

前一首是写南宋临安白塔桥卖的地图，图上长亭短驿分明，临安路线都在，就是不说到沦陷了的中原有多远，讽刺当朝统治者苟安心态。后一首是诗人在南宋灭亡后，在深山投宿，见糊窗户的纸是一份当年防金国入侵的奏章，讽刺南宋统治者醉生梦死。一个通过地图说事，一个通过“防秋疏”叙发，都写得沉痛深刻。两位诗人胸中早有强烈的愤懑，遇到了卖地经、糊窗纸后，才完成了他们巧妙的、独到的、极有表现力的构思，把胸中的愤懑表达了出来。构思有时随手而来，如曹植的《七步诗》，而有时候也是慢慢完成的，触景才能生情。

巧妙的构思对短诗写作更重要。遇到某一种题材，你要找一个好的切入点。比如宣城酿酒手艺人纪叟去世了，李白很伤感，要写诗纪念他。我们如遇此种情况，找什么切入点呢？会记起一件往事？会说一说纪叟人好？当地人们都谈他手艺高？……然而李白别出心裁，这一切都不用，他写道：

纪叟黄泉里，还应酿老春。
夜台无李白，沽酒与何人？

——李白《哭宣城善酿纪叟》

出乎人们意料，李白竟这样叙写他与纪叟生前的亲密关系，真是生死与共，这种关系竟带到另一个世界去了，他还念念不忘纪叟在另一个世界里继续在“酿老春”。真挚之情，力透纸背。

元稹《闻乐天授江州司马》也是情真意深的名篇。写道：

残灯无焰影幢幢，此夕闻君谪九江。
垂死病中惊坐起，暗风吹雨入寒窗。

此时元稹自己也一贬江陵，再贬通州，情绪绝望，又听到好友白居易遭贬谪，伤心透顶，“暗风吹雨入寒窗”。他是通过悲怆的氛围来传达他们的深厚友情的。他与李白的切入点不同，各得其妙。

写诗与写小说不同，小说要交代环境、人物关系、故事的来龙去脉。写诗，构思好了，选好切入点，浓墨重彩专注一点，其余的都在其中了。

奇趣

写诗要有冲击力，感情也就要强烈一点；语言要有感染力，也就是要有出奇制胜的一面；读后要有回味，不能让人随读随去。

要做到这些是十分困难的。唐代宋代几千几万人在埋头奋笔，好诗当然不少，但与上千年的时间比，还是不足的。今天我们这么说，也只是将之作为目标而已。

诗要忌平庸、平淡、平铺直叙，没有个性，没有情趣。诗要出类拔萃，就要有出奇之处。苏东坡说：“诗以奇趣为宗，反常合道为趣。”他提倡“奇趣”，提倡“反常”“合道”的趣。

比如描写自然山川的：

大漠孤烟直，长河落日圆。

——王维《使至塞上》

飞流直下三千尺，疑是银河落九天。

——李白《望庐山瀑布》

这几句千年以来，人人传诵，现在可能已不觉得新鲜了。其实这些诗篇刚出世时，是有着出奇的震撼力量的。在此之前，没有人写出如此奇趣的、独创的诗句。“奇”，也就是个性化的、出格的创造。当然“奇”也有一个“度”，虽然“反常”但是“合道”，而不是稀奇古怪。

再比如写侠义的刘叉的《偶书》：

日出扶桑一丈高，人间万事细如毛。
野夫怒见不平事，磨损胸中万古刀。

又如贾岛的《剑客》：

十年磨一剑，霜刃未曾试。
今日把示君，谁有不平事？

两者都写得豪气十足，侠肝义胆，都是向那个社会中存在的许许多多不平事表示谴责。他们因为用意用词出奇，给人印象深刻，特别是刘叉的诗更是感情强烈。据说他家贫，但又不肯屈于人，性格刚直，不拘礼法。他曾是韩愈门客，见人给韩愈送来撰写墓志铭的酬金，便拿了就走，说：“这是给死人说好话所得，不如给我刘叉算了。”他的“磨损胸中万古刀”确实出奇。

其他写到山川景物的诗出奇的更多了，就因为出奇给人留下印象，也给历史留下了印象。

落霞与孤鹜齐飞，秋水共长天一色。

——王勃《滕王阁序》

春色满园关不住，一枝红杏出墙来。

——叶绍翁《游园不值》

千里莺啼绿映红，水村山郭酒旗风。

——杜牧《江南春》

东边日出西边雨，道是无晴却有晴。

——刘禹锡《竹枝词》

潮平两岸阔，风正一帆悬。

——王湾《次北固山下》

野火烧不尽，春风吹又生。

——白居易《赋得古原草送别》

沾衣欲湿杏花雨，吹面不寒杨柳风。

——志南《绝句》

竹林近水半边绿，桃树连村一片红。

——司马光《寒食许昌道中寄幕府诸君》

在古诗中，这样优秀的、诗意盎然的、出类拔萃的、千古传诵的诗句随读随有。

疏篱不与花为护，只为蛛丝作网竿。

——杨万里《过百家渡四绝句·其三》

一段破篱笆，一个小蛛网，居然也能入诗，而且很有诗味，很有诗趣，这也是“奇趣”的一个说明。

提倡诗要“奇趣”的苏东坡，自己也不按常理写作，不按常理就是突破平淡平庸。他的“若言琴上有琴声，放在匣中何不鸣？若言声在指头上，何不于君指上听”，他的“蒌蒿满地芦芽短，正是河豚欲上时”，他的“不识庐山真面目，只缘身在此山中”，他的“欲把西湖比西子，淡妆浓抹总相宜”，等等，都有比一般诗人高明的地方。特别是他的《念奴娇·赤壁怀古》《水调歌头·明月几时有》是中国诗歌史上的高峰之作，它们的成功，还有多种因素，但能超出同时代或不同时代的诗人诗作，却是因为极高的个性化创造。

诗作中的强烈对比或造势，可以使情感更炽热、感染力更强烈。

死去元知万事空，但悲不见九州同。
王师北定中原日，家祭无忘告乃翁。

——陆游《示儿》

明明知道死去之后万事皆空，况且王师北进根本不可能，但是诗人仍把沉重的希望寄托给不着边际的毫无希望的虚空。这种痴心就显得分外悲壮、凄凉，具有冲击力。

人言落日是天涯，望极天涯不见家。
已恨碧山相阻隔，碧山还被暮云遮。

——李觏《乡思》

这首诗把思乡念家的思绪推向了极致。看到落日，家在落日处的天涯之外，这一层意思表达家乡的遥远，比天涯还要遥远。这样表达，本来也很不错了。但是，诗人更进一步。第二层意思是天涯虽远但又被碧山阻隔了，碧山更被暮云遮住了，家乡更是遥不可及，连遥望一眼的机会都没有了。这好比在思乡的伤口上，一次一次撒上盐。这种一层深一层的设置，强化了诗人的情感。

忽见陌头杨柳色，悔教夫婿觅封侯。

——王昌龄《闺怨》

闺中少妇春日上翠楼，见到春天来了，杨柳绿了，十分高兴，于是强烈地后悔不该让夫婿冒死去战场。诗中把高兴和悔恨的对立情绪突显出来，特别深刻。

日暮榆园拾青荚，可怜无数沈郎钱[①]。

——晁补之《流民》

写贫苦的流民，在榆树下捡榆荚充饥，却只见地上有沈郎钱那样的榆叶。这形成了有讽刺意味的画面。

何必桑乾方是远，中流以北即天涯。

——杨万里《初入淮河》

几处败垣围故井，向来一一是人家。

——戴复古《淮村兵后》

南宋偏安，以前的边界到达中原陕北，如今以淮河为界。淮河“中流以北”就是“天涯”。这种内在的强烈对比，十分感人。戴复古也是写金兵侵占淮河沿岸，造成村

① 沈郎钱，晋代沈充铸造的小钱，像榆叶。

庄破坏，人亡屋毁。诗人看到的断垣、故井，过去都是充满融融气氛的人家啊！这种对比，令人难忘。

这种对比的内容描写，打破了诗歌惯常的过于单一、过于平淡、过于平静、没有起伏波澜的写法。这使诗歌的感染力得到加强提高。在其他文体里，特别是小说戏剧，不写矛盾简直是寸步难行。给人留下深刻印象的，往往是矛盾的尖锐部分。我们看过战争片，许多故事依稀了，但对敌军长在电话里哀告邻军军长的片段记忆深刻："老兄，看在党国的份上，拉兄弟一把吧！"它往往把许多矛盾许多问题凝聚到一个点上了。

还有至关重要的，诗要给读者留下品味的余地，差一点的诗，人们读后如水过鸭背，好诗则如余音绕梁，因为它除了给我们的字面意义，还给我们思索、回味的余地，或者诗中给我们的形象大于思维，其中包含更多的深意。"山重水复疑无路，柳暗花明又一村"（陆游《游山西村》）如果仅仅看作是写景，当然也是写得非常好的，但是你仔细想一想，这何止在写景呢，它也在写人们或事情遇到不明朗的困境后，突然迎来豁然开朗的前景，它的内涵远远大于字面。即使是一些真正写景写事的诗，它们也不是一览无余的。

梨花风起正清明，游子寻春半出城。
日暮笙歌收拾去，万株杨柳属流莺。

——吴惟信《苏堤清明即事》

这纯粹是一首写景诗，读后感到它好，好在哪里？一是写苏堤清明风光很美；二是诗人没有写清明全天，只是写日暮人去之后，傍晚人散了，流莺也来继续这一天的兴奋，反衬白天人们的欢畅。写得很含蓄，但有余味。如果没有这第四句的点睛，这首诗就没有可取之处了。

有余韵，有含蓄，诗人是很重视的。司空图的《诗品》有专章论述“含蓄”，他说“不着一字，尽得风流”，也就是不用直接的字眼，却把意思表达得至为超逸美妙。

寥落古行宫，宫花寂寞红。
白头宫女在，闲坐说玄宗。

——元稹《行宫》

此诗很有影响，白头宫女坐说玄宗成了抚今追昔的典故。本诗对白头宫女如何荒废了青春、如今怎样闲坐闲话、说了天宝盛世时的哪些只言片语，全没有明写，只设计了一个场合、设计了人物，叫读者读后去联想、去填充。艺术作品有再创造的功能，就是作品提供了一个范畴，让读者由此联系自己的知识、经历、感受进行再一次创造而得出自己的收获。这叫艺术再创造。好的作品往往给人提供了这种再创造的基础和可能，相应地有了余味、有了含蓄。

追求深刻

诗歌创造能不能说理？诗歌当然要以形象说话，通过形象表达诗人的感受。一切艺术作品都是形象思维，而不是逻辑思维。可是，诗歌因在一切艺术创作中最容易说理，而成为口号、宣传品。诗歌可以说理，但要有个度，有个原则，就是要是感情的、形象的。它的说理也有别于一般的说理。屈原的《离骚》写道："长太息以掩涕兮，哀民生之多艰！""路漫漫其修远兮，吾将上下而求索。"是不是说理？是说理，是直抒胸臆的、情感之语。

诗人在现实生活中遭遇了什么，引起想要表达某种情怀、某种感受、某种思想的冲动，这才动笔。比如由于离别、思乡、怀友引起缠绵的思绪，由于目见社会的不平、战争的不幸、人民的痛苦引起愤怒的谴责，等等。思想和理念应当说是诗创作中的骨骼，有的显露一些，有的深蓄一些。诗是通过诗人的主观世界反映现实世界的作品，带有诗人主观世界的印记。完全没有一点理念的诗，恐怕也不会有。有些诗虽在写景写情，但也透出思想来。殷夫翻译裴多菲的诗："生命诚可贵，爱情价更高。若为自由故，两者皆可抛。"裴多菲原诗写得并没有如此精练、明了，殷夫结合自己的思想再创作了。值得点赞的是，许多好诗写出了很深的哲理。

沉舟侧畔千帆过，病树前头万木春。

——刘禹锡《酬乐天扬州初逢席上见赠》

青山遮不住，毕竟东流去。

——辛弃疾《菩萨蛮·书江西造口壁》

天意怜幽草，人间重晚晴。

——李商隐《晚晴》

春蚕到死丝方尽，蜡炬成灰泪始干。

——李商隐《无题》

溪云初起日沉阁，山雨欲来风满楼。

——许浑《咸阳城东楼》

世态云多幻，人情雪易消。

——吕以庆《偶兴》

春风得意马蹄疾，一日看尽长安花。

——孟郊《登科后》

莫道桑榆晚，为霞尚满天。

——刘禹锡《酬乐天咏老见示》

看来都是写景写事的，读过之后不能释怀，细细琢磨，内涵深远。这些名句，以及许多本书没有收录下来的名句，如今都被人延伸到社会政治领域了，既形象又有很多哲理意味。（写“山风欲来风满楼”的许浑，在另一首诗《谢亭送别》写“日暮酒醒人已远，满天风雨下西楼”，写别情也是惊心动魄的，但这不如“山雨欲来风满楼”具有概括性、哲理性。）德国哲学家尼采说：“哲学家绕过重重暗礁到达一个地方，却发现诗人早在那里了。”

新诗之中也有思想深刻的作品，如臧克家《有的人》、戴望舒《雨巷》、艾青《我爱这土地》、余光中《乡愁》、韩瀚《重量》等等。鲁黎的《泥土》引录在下面：

老是把自己当作珍珠
就时时怕被埋没的痛苦
把自己当作泥土吧
让众人把你踩成一条道路

此诗深入地写出了人生哲理：如何使自己在社会中摆对位置。言简意赅，不是一览无余的那种，而有余韵。

我们再来看看杜牧的《清明》：

清明时节雨纷纷，路上行人欲断魂。
借问酒家何处有，牧童遥指杏花村。

初读这是一首写景状物的诗，描写了一幅清明时节江南的生动风俗小画，好像并无更深入的意味在。细读之后，你会感到诗中有复杂的、矛盾的心绪在。春天来了，千花万草，当然欢迎；但是不停的雨、泥泞的路，要饮一杯减压的薄酒也要以遥指下难挨的路程作代价。这种有爱有怨、有迎有拒的心绪交织在一起，也是一种深远隐藏的理性，这理性不是表面的，而是融通而智慧的。这种说理是依靠感情和形象存在的，上升到了哲理高度，所以它耐读。我们既感到它好，但一时又说不清好在何处。“理”与“情”的关系，在这里非常统一。

结语

诗意是一种深奥甚至有点神秘的话题，我们能感到，但又很难条分缕析地指出它的来由。我这里也只是一孔之见。

诗意，是我们永恒追寻的。

2016年7月21日

后记

从窗外寒风呼啸，出门艰难，到春天降临，柳丝飘绿，杨花飞舞，街边绿化带大面积的、硕大无比的玫瑰花、月季花、牡丹花满眼都是，我孜孜地写下这几十篇“古诗今读”。看今日之文艺，还是觉得这些古人的声音，更亲切些、更实在些。

想到什么，信笔写来，既不是定评，也无多少创新。苦于北京寓所一无资料，前人有何说法，也就不去参考了。其中既有新写的，也有十几年前写下的。

文化传承，是国之根本，现在热爱文化传统已蔚然成风了。

我家近北京西城三山五园，那里的树海真如大海起伏，与我在北京大学求学以及最初工作的十余年时，有了天地之别。每每看到如此景致，心旷神怡。